巩固脱贫攻坚成果与乡村全面振兴有效衔接

——中国石油乡村振兴案例汇编

中国石油集团经济技术研究院
中国乡村发展协会   编

中国农业科学技术出版社

图书在版编目（CIP）数据

巩固脱贫攻坚成果与乡村全面振兴有效衔接：中国石油乡村振兴案例汇编 / 中国石油集团经济技术研究院，中国乡村发展协会编 . -- 北京：中国农业科学技术出版社 , 2024. 12. -- ISBN 978-7-5116-7231-5

Ⅰ . F426.22；F126

中国国家版本馆 CIP 数据核字第 2024SZ3338 号

责任编辑	崔改泵
责任校对	李向荣
责任印制	姜义伟　王思文

出 版 者	中国农业科学技术出版社
	北京市中关村南大街 12 号　　邮编：100081
电　　话	（010）82109194（出版中心）（010）82106624（发行部）
	（010）82109709（读者服务部）
网　　址	https://castp.caas.cn
经 销 者	各地新华书店
印 刷 者	北京地大彩印有限公司
开　　本	185 mm×260 mm　1/16
印　　张	8.25
字　　数	158 千字
版　　次	2024 年 12 月第 1 版　2024 年 12 月第 1 次印刷
定　　价	68.00 元

━━ 版权所有·侵权必究 ━━

《巩固脱贫攻坚成果与乡村全面振兴有效衔接——中国石油乡村振兴案例汇编》

编辑委员会

主　　编：李金祥　钱兴坤

执行主编：齐　国　刘朝辉　刘生生

副 主 编：陈静涛　王　娜　司　进　万　欢　李婉君　余朝霞　高　健

编　　委（以姓氏笔画为序）：

　　　　　万　玲　马晓亮　马鹏涛　王　子　王为峰　王东民　王国明
　　　　　邓浩吉　艾尔艾力·西尔艾力　　吉松海　刘　洋　刘兴茂
　　　　　刘昉昳　杨　帆　杨　斌　杨　震　杨沐子　杨雯雯　吴晓伦
　　　　　邱　雨　何永洪　何治呈　张　伟　张汉臣　张革新　张艳冰
　　　　　罗建东　周　行　周　悦　周立新　赵　晨　胡文君　姜　涛
　　　　　耿　路　徐　斌　黄　峰　梁华明　梁海振　彭　吴　韩　冠
　　　　　路永贵　赫春燕　管军东　魏　峰

前　言

按照党中央、国务院全面推进乡村振兴、加快建设农业强国的总体要求，中国石油天然气集团有限公司认真贯彻落实集团党组决策部署，紧紧围绕乡村产业发展、环境提升、公共服务能力改善、人才培养、消费帮扶等重点任务，扎实有序高效推进，取得积极成效。

2023年累计投入乡村振兴和社会公益资金6.59亿元，开展各类项目1310个，派出挂职干部、驻村第一书记及工作队718人，覆盖30个省（区、市）418个村；完成国外援助项目239个，涉及海外16个国家；定点帮扶工作各项任务指标完成度再创新高，投入无偿帮扶资金2.17亿元、有偿帮扶资金6.36亿元，引进帮扶资金8.32亿元，确保资金安全高效使用；培训基层干部人才12.85万人次；购销帮扶产品17.66亿元。在国家国资委定点帮扶考核中继续走在前列，为全面推进乡村振兴持续高质量贡献石油力量。

（一）组织引领作用更加突出，高质量推进乡村振兴取得显著成效。集团党组高度重视，统筹谋划，科学部署是工作取得成效的重要保障。2023年，集团党组把助力乡村振兴作为重要政治任务，全年召开党组（扩大）会议和专题会议7次，深入学习贯彻习近平总书记关于"三农"工作的重要论述，认真学习运用"千万工程"经验，研究贯彻具体落实举措。戴厚良书记带头赴新增的国家乡村振兴重点帮扶县若尔盖县实地调研，了解县域情况、对接帮扶需求、谋划工作方向，全部9名党组成员实地调研11个县，实现全覆盖。充分发挥党建优势，在定点帮扶县结对共建党支部27个，扶持龙头企业45个，帮助培育新型农业经营主体36个，推进帮扶地区党建提质。围绕"六大行动"培育打造"归宿"乡村旅游项目、"沃土"粮食安全保障项目、"益师计划"教师培训、"和美新村"人居工程等29个有特色、成效好、能复制、可推广的示范项目，以项目品牌化促进五大振兴。开展2021—2022年度对外捐赠资金使用专项审计，对发现问题全部立查立改，切实保证对外捐赠资金合规使用。集团层面选优配强17名政治素质好、工作作风实、综合能力强的中青年干部到定点帮扶县、新疆地区挂职锻炼。举办三期"乡村振兴与公益项目管理培训班",80余家单位243名乡村振兴主责部门负责同志和挂职干部参加培训,开展廉政教育,全面提升干部综合素质和业务能力。

(二)乡村富民产业发展壮大,农民就业增收渠道不断拓宽。依托资源禀赋、产业基础、比较优势,扎实推进"特色产业提升行动"。聚焦粮食安全,在青河县更新改造2 000亩农田加压滴灌系统,支持种牛超市改造;在帮扶地区设立"科技小院",与中国农业大学合作加强科技兴农研究;聚焦富民产业,围绕尼勒克县黑蜂蜜"土特产"援建黑蜂产业园;在吉木乃县援建创业孵化基地;在范县进行红掌花卉种植棚体智能化改造,带动农户从事花卉种植1 000户以上;聚焦乡村旅游,在察布查尔县、横峰县援建精品民宿42套,在范县援建黄河文化广场、景观路和美食街等。通过产业项目全年帮助转移就业3 405人,招用脱贫人口153人。

(三)幸福乡村建设有序推进,农村环境明显改善。将基础设施援建、农村环境整治、环境保护、公共服务能力提升等有机结合,持续推进"幸福乡村建设行动"。对定点帮扶的137个村开展农村厕所革命、污水垃圾治理、村容村貌提升,累计厕改2 384户;在新疆地区继续建设"零碳小院",开展高寒地区"黑白水"处理技术应用试点,通过清洁能源建设、粪污资源化处理、数据检测核算等"零碳管理"和"减碳技术",探索"生物质+"多种能源互补利用模式,打造宜居宜业美丽家园样板。在台前县支持滨湖学校建设项目,新建教学综合楼,提升当地教学环境,惠及师生1 100人。在托里县援建库普乡卫生院,在青河县援建中蒙边境医院,帮助购置医疗器械和医用物资,全面提升医疗质量,惠及群众6.5万人;与专业机构合作,依托北京医疗优势资源开展"远程会诊"服务,累计会诊3 000场,改变乡村"小病拖、大病挨"等陋习,为基层培训医务工作者11 960人次。

在对口支援方面,在西藏森布日安置区启动客运站和有线数字电视项目,援建客运主站房、维修检测台等,并为8 000户搬迁群众及医院、学校建设光纤入户电视系统,持续提升人民群众获得感、幸福感、安全感。

(四)"兴农讲堂"品牌持续升温,乡村人才基础更加夯实。"兴农讲堂"自有培训平台品牌持续升温,开展线下培训34期,开设线上课程509节,建立"三农"知识网上课程大集市,打造"不下课"的乡村学校,培训各类基层干部人才12.85万人次。选取非遗柯赛绣等特色内容,培养1 510名乡村匠人,在海上丝绸之路国际时尚周传播推广;通过"定点招生、线下培训、线上学习、就业安置"模式,帮助510名适岗适龄女性在家政服务行业就业;针对脱贫地区义务教育发展不均衡等问题,连续9年开展"益师计划"教师培训，培训教师22 325人；继续开展"油苗计划"石油专业定向培养，今年将有近百名专科毕业生进入石油行业工作。邀请塔里木油田、勘探院等单位首席专家到定点帮扶县开展科普讲座，《走进地球"中世纪"》《挺进万米深地》等主题深受师生欢迎。

（五）消费帮扶工作进一步深化，购销产品和服务金额再创新高。137家所属单位、百万石油员工深度参与，通过工会、食堂等内部市场加大消费帮扶产销对接；9 000名员工到习水县和横峰县"红色教学点"现场学习，帮扶方式更加丰富多元。成功举办"央企消费帮扶聚力行动暨昆仑好客第三届购物节"品牌活动，邀请12个部委、34家央企共同参与，展销300多个脱贫县区千余种商品，现场签订意向5.02亿元，成为央企展销系列活动最大亮点。在全国1.1万个加油站开展"百城万站"宣传营销，动员宝石花物业通过食堂、社区销售帮扶产品超1亿元。昆仑好客和各销售单位结合自身优势创建"昆享""优斯麦尔"等消费帮扶品牌，将特色农产品融入全国大市场，提升了帮扶商品的认可度和影响力。全年消费帮扶金额17.66亿元。

（六）履职尽责彰显央企担当，公益服务效能进一步提升。面对新冠疫情和自然灾害，第一时间合规履行决策程序，向新疆、甘肃、青海等地捐赠6 000余万元现金和物资，助力各地疫情防控、抢险救灾和灾后重建工作。统筹协调所属单位积极参与防疫和救灾工作，提供物资、人力和能源保障，共同构筑抗疫、救灾安全防线，进一步密切企地关系。在定点帮扶县探索开展慈善信托项目，昆仑信托吸引公益组织和集团公司合作企业将善款投入慈善信托，收益用于支持帮扶地区乡村教育、人居环境和乡村旅游发展，扩大集团公司公益慈善影响力。在中国石油大学、西南石油大学等17所高校设置"中国石油奖学金"，惠及在校学子685人；持续开展"旭航"助学，在8省份24校设立"旭航"班67个，资助3 305名家庭困难学生；"加油宝贝"健康保险项目吸引288万社会大众募集善款958万元，为19个脱贫地区16.9万低收入家庭儿童提供大病公益保险。

中国石油天然气集团公司在国家国资委"央企乡村振兴工作会议""中央企业援疆援藏工作会议"和国家发展改革委"全国消费帮扶工作现场观摩调研会"上作为央企代表多次交流发言；《打造"梧桐山特色民宿"》《乡村旅游示范项目实践》《为新疆全面推进乡村振兴贡献石油力量》《宜居家园项目在新疆的探索与创新》等案例分别入选《中央企业助力乡村振兴蓝皮书》《中央企业品牌建设典型案例》《国务院国资委援扶专刊》《农村人居环境绿皮书》；集团公司助力乡村产业发展、"健康护航"帮助农村防疫等事迹被新华网、央视频道、农民日报等中央媒体深入宣传，得到社会广泛好评。

2024年，集团全面贯彻落实党的二十大精神，深入学习贯彻习近平总书记关于"三农"工作的重要论述，认真学习运用"千万工程"经验，因地制宜、分类施策、循序渐进、久久为功，在"两个确保"上持续发力，切实做好"三个提升"，集中力量抓好办成一批群众可感可及的实事，进一步增强脱贫地区和脱贫群众内生发展动力，为推进乡村全面振兴不断取得实质性进展、阶段性成果贡献石油力量。

一是在实现"两个确保"上下功夫，筑牢全面推进乡村振兴基本盘。在青河县继续援建高效节水灌溉项目，对1 600亩农业设施用地进行节水改造，实现农作物种植面积稳定增长；新建小麦加工厂项目，建设1 500平方米加工车间、仓库、晒场等，形成30万吨/年生产规模，提升当地粮食生产能力。在巴里坤县支持食用菌种植基地提升改造项目，全面升级种植大棚，配备工业制冷和生产线，以"大食物观"补齐粮食安全短板。加大在科技兴农上的投入力度，与科研院所合作设立"科技小院"，围绕国家重点研究方向，开展"优质牧草与饲粮替代增产增效"项目。强化对脱贫地区常态化调研力度，加强对易返贫致贫人口的监测和帮扶，扩大"加油宝贝"公益保险和互联网医疗项目覆盖范围，将健康管理和乡村振兴相结合，减少因病返贫现象，坚决守住不发生规模性返贫底线。

二是在打造乡村产业集群上下功夫，为高质量推进乡村振兴开创新格局。把产业振兴作为助力乡村振兴重中之重，围绕各地资源禀赋支持产业园建设项目，援建优势特色产业集群，向园区要规模，培育农业龙头企业，走好集群化之路，在若尔盖县分别建设藏式非遗文化产业孵化园和中藏药产业园项目，孵化集乡村旅游综合开发、藏式非遗文化体验、红色研学教育、农业休闲观光、农村电商平台于一体的乡村旅游综合体，援建2 700平方米中藏药深加工车间，带动"种植—深加工—终端产品"价值链提升；在尼勒克县援建黑蜂产业园，建设黑蜂蜜生产车间、仓储车间和展销综合楼；在吉木乃县援建冰川龙虾产业园，建设龙虾苗种培育车间、养成车间，配备水培、温控等系统设施；在台前县支持羽绒产业园项目，建设国家级羽绒及制品检测中心，促进当地羽绒产业发展壮大。进一步挖掘乡村多元价值，扩大乡村旅游项目覆盖范围，向融合要空间，推动一二三产业协同发展，在察布查尔县援建观光农业产业园、在习水县援建乡村振兴产业园、在横峰县建设石桥村民宿、在范县支持黄河生态农文旅融合项目，通过建设观光农业设施和乡村旅游民宿、开发文化观光路线和乡村游学项目，走好多元化发展之路，打造乡村经济新的增长极。继续发挥集团公司渠道优势，承办国资委央企消费帮扶聚力行动展销会，开展"百城万站"营销推广，帮助农特产品融入全国大市场；依托"昆仑好客""昆享"等品牌影响力，在脱贫地区继续打造地域品牌和拳头产品，向特色要效益，发展一批具有历史基因和独特优势的"土特产"，走好差异化之路，助力产业升级、农民增收。

三是在提升公共服务能力上下功夫，为实现农村现代化塑形铸魂。围绕"农村基本具备现代生活条件"的目标，在新疆地区继续推进"零碳小院"人居工程，开展废弃物能源化利用改造，对碳减排进行检测分析，建立低碳村建设标准，持续提高人居环境舒适度。在托里县新建2 700平方米乡卫生院，建设门诊楼、综合住院楼及附属设施，预计惠及群众1.4万人；在青河县援建饮水安全提升项目，对3个村供水泵房进行改造更新，进一步提高乡村基础设施完备度。关注乡村老龄化问题，建设"乐龄之家"服务站，满足老年群体多样化的养老服务需求，不断提高公共服务便利度。

在对口支援方面，坚持将80%以上资金用于基层和民生项目。在西藏双湖县，援建乡村振兴示范点项目，开展污水处理和供氧设施安置；调整前期部分资金用于牧业防抗灾体系建设和"健康护航"项目，改善双湖县基本生产生活条件；学习"千万工程"经验，开展县城规划，推进民生及科考保障工作；支持牦牛绵羊良种应用研究，促进特色产业及多样性物种开发；开展双湖县保密项目，提高当地保密软硬件水平。在青海茫崖市援建4 000平方米青少年文化宫，通过建设运动、教育、艺术等功能区块，进一步丰富青少年课外生活。在重庆开州区援建道路硬化和粮油产业基地项目，改善民生、促进产业，打造宜居宜业和美乡村。

四是在搭建"兴农讲堂"上下功夫，夯实乡村振兴人才基础。针对不同群体专业需求、不同地域发展现状，提供更多"定制课堂"，形成特色课程矩阵；持续拓展"兴农讲堂"辐射范围，让更多帮扶地区群众受益，打造更具影响力的乡村振兴培训品牌。重点围绕基层干部，全面加强"千万工程"理论培训，突出全面系统、权威实效，提高推动乡村振兴的能力水平。实施"村匠"培育工程，围绕非遗技能扶持能工巧匠，注重文化传承、激活创新活力。继续开展妇女技能提升项目、专业技能送教下乡、"油苗计划"定向培养、"益师计划"教师培训，为乡村振兴聚力储能；加大对西藏、青海等对口支援地区培训力度，进一步促进各民族交往交流交融。

五是在党建引领上下功夫，凝聚助力乡村振兴强大合力。继续发挥集团公司党建优势，加强对帮扶地区基层党支部和脱贫村结对共建，丰富活动方式，提高学习成效，助力打造乡村坚强战斗堡垒。通过挂职干部、驻村书记、工作队帮助建好党小组、带动村小组、用好理事会，提升乡村治理"软实力"。针对集团公司乡村振兴工作人员、派驻干部，持续开展业务培训和廉政教育，提高履职能力，筑牢思想防线；组织策划集团公司助力乡村振兴评选表彰，凝聚乡村振兴强大合力。落实第九次全国对口支援新疆工作会议精神，在产业支持、教育援疆、人才交流、民族交融上发挥优势，实施"南疆就业攻坚行动"，通过基础设施施工、支持消费帮扶、安排服务型公益岗位等渠道，带动当地就业，不断提升对口援疆综合效益。进一步提高对外捐赠管理水平，修订完善集团公司、股份公司对外捐赠管理制度，探索开展慈善信托项目，动员更多社会爱心企业支持乡村振兴和慈善公益事业。加强乡村振兴和社会公益统筹管理，试点组织所属单位帮扶地政府参与"益师计划""兴农讲堂"等品牌项目实施，形成合力，扩大集团公司社会公益影响力。

编者

2024 年 10 月

CONTENTS 目 录

定点帮扶促进文旅融合　组合培育"横峰红培"品牌……………………… 001
　　——中国石油天然气股份有限公司江西销售分公司帮扶案例

范县毛楼乡村振兴暨农文旅融合项目……………………………………… 008
　　——中国石油天然气股份有限公司河南销售分公司帮扶案例

一窗荷香醉人居　富民花开别样红…………………………………………… 013
　　——中国石油天然气股份有限公司河南销售分公司帮扶案例

执帮扶之笔绘就青格里乡村振兴美丽新画卷……………………………… 017
　　——中国石油天然气股份有限公司乌鲁木齐石化分公司帮扶案例

"四渡赤水"红色文化教育…………………………………………………… 023
　　——中国石油天然气股份有限公司贵州销售分公司帮扶案例

打造梧桐山品牌民宿助力"金凤凰"腾飞…………………………………… 029
　　——中国石油天然气股份有限公司贵州销售分公司帮扶案例

兴林富民　推动生态效益与社会效益双丰收……………………………… 035
　　——中国石油天然气股份有限公司独山子石化分公司帮扶案例

拓展特色产业　让红花开得更艳…………………………………………… 041
　　——中国石油天然气股份有限公司独山子石化分公司帮扶案例

巴里坤县良种牛羊繁育富民项目…………………………………………… 045
　　——中国石油天然气股份有限公司吐哈油田分公司帮扶案例

以绿色低碳为抓手，赋能美丽乡村发展…………………………………… 051
　　——中国石油天然气股份有限公司塔里木油田分公司帮扶案例

助力羽绒产业强链补链　推进地方特色产业发展………………………… 059
　　——中国石油天然气股份有限公司河南销售分公司帮扶案例

筑巢引凤"金昧"来　产业振兴就业宽························065
　　——中国石油天然气股份有限公司河南销售分公司帮扶案例

凝心聚力担使命　驻托帮扶促振兴····························069
　　——中国石油天然气股份有限公司新疆油田分公司帮扶案例

为治蜀兴川加油　为乡村振兴助力····························074
　　——中国石油天然气股份有限公司四川销售分公司帮扶案例

种养加销全产业链帮扶模式助力青河乡村产业高质量发展···········082
　　——中国石油天然气股份有限公司乌鲁木齐石化分公司帮扶案例

阿勒泰山脚下"智慧粮仓"惠民生·······························087
　　——中国石油天然气股份有限公司新疆销售分公司帮扶案例

万亩向日葵花海绘就乡村振兴新篇章····························092
　　——中国石油天然气股份有限公司新疆销售分公司帮扶案例

深化南北协作　助推消费帮扶·································098
　　——中国石油天然气股份有限公司独山子石化分公司消费帮扶典型案例

天路零公里　"管书记"用网络直播绘就新时代乡村振兴壮美篇章·······102
　　——中国石油天然气股份有限公司新疆销售分公司帮扶案例

做活土地"引、流、经"三篇文章　蹚出强村富民"新路子"···········107
　　——中国石油天然气股份有限公司新疆油田分公司帮扶案例

用实干谱写驻村美丽篇章····································113
　　——中国石油天然气股份有限公司乌鲁木齐石化分公司帮扶案例

定点帮扶促进文旅融合 组合培育"横峰红培"品牌

——中国石油天然气股份有限公司江西销售分公司帮扶案例

江西省上饶市横峰县拥有独特的区位和资源优势,中国石油天然气集团有限公司(以下简称:中国石油)充分挖掘当地丰富的红色农文旅资源,2021年9月在"闽浙皖赣革命根据地"的首府所在地——横峰县葛源镇,设立党员干部现场教学点。中国石油通过线上平台和线下推荐的方式大力宣传,号召"石油百万员工"来横峰参加红色党性教育研学,并探索将红色教学和当地消费纳入本单位消费帮扶任务。其内容结合"红色"——方志敏式的革命根据地、苏维埃模范省、革命旧址群,"绿色"——全域秀美乡村,"蓝色"——中国石油援建项目为现场教学点,通过"县委党校+现场教学点+专业讲解员+食宿+出行"组合的方式,精心办好可复制、可推广的"红色教学"模式。

一、案例背景

习近平总书记在党的二十大报告中指出:"弘扬以伟大建党精神为源头的中国共产党人精神谱系,用好红色资源,深入开展社会主义核心价值观宣传教育,深化爱国主义、集体主义、社会主义教育,着力培养担当民族复兴大任的时代新人。"这一重要讲话对当前红色教学的目标与内容提出了明确要求。红色教学是一种以传承红色文化、弘扬革命精神为目的的教育形式。当前,红色教学如火如荼,大中小学、政府与事业单位以及部分企业、社会团体等不断创新联动,为红色教学注入了生机勃勃的活力。

横峰县是著名的老区县、全红县,是方志敏精神首创地和清贫精神发源地,是"可爱的中国"的摇篮,是闽浙赣革命根据地旧址所在地,方志敏、邵式平、黄道等革命先辈们在这里创建了红色政权,开创了"两条半枪闹革命"的历史,被毛泽东同志誉为"我们光荣的模范苏区"。横峰县有着丰富的红色文化资源和丰厚的红色文化底蕴。但由于当地红色旅游景区大多还面临着文化内涵挖掘不够深入、形式单一枯燥、精品意识不强等问题,导致地方红色资源利用和转化经济效果发展缓慢。而如何讲好红色故事、增强文化内涵,如何创新发展形式、促进业态融合,成为开展定点帮扶工作、推动红色农文旅高质量发展的关键所在。

中国石油认真贯彻落实习近平总书记重要指示精神和《中国农村扶贫开发纲要(2011—2020年)》要求,按照国务院扶贫开发领导小组部署,定点帮扶横峰县。2021年中国石油派驻挂职干部牵头,联合横峰县县委党校组成工作专班,开展红色教学,打造"横峰红培"品牌。

二、行动举措

红色教学是一项重要工程,也是一项长期工程。在定点帮扶工作中,中国石油坚持"因地制宜挖掘资源、重复利用降低成本、联创共建促进振兴"的工作方式,不断完善和改进红色教学的各项工作,切实提高红色教学的质量和效益,让红色基因在横峰迸发出更加强烈的光芒。

(一)红培发力 深度挖掘县域资源

根据江西横峰县情,中国石油因地制宜,着力打造"红色"(闽浙赣苏维埃旧址)、"绿色"(秀美乡村)旅游和"蓝色"(中国石油帮扶文化精神),旅游经济蓬勃发展。中国石油着力实施"红色摇篮,绿色家园,石油精神"红色教学项目,提升产业层次,加强红色教学资源开发、充分挖掘县域资源,"红绿蓝"三色资源在红色农文旅中交相辉映。

红色资源丰富是横峰县的一大优势。红色教学项目通过挖掘省级历史文化名镇葛源资源优势,整合"闽浙赣省委机关旧址""红军操场""列宁公园"等40多处革命旧址的丰富"红色"资源,推出《现场朗诵可爱的中国》《横峰是方志敏精神的发源地》《共和国的旗帜上有我们的横峰红》等一批红色经典

重走红军之路,深刻体悟"方志敏精神"

课程;打造精品红色微党课,培育红色文化宣讲员,让党员干部在宣讲中学习提升、接受教育、坚定信念;积极开展"红色文化"主题活动,编排"关于方志敏同志的故事""铁骨铮铮邱金辉""闽浙赣苏区红色歌谣'湖塘蹋蹋岭''翻身谣'"等文艺作品,让党员干部群众看得懂、听得进、记得住,在潜移默化中受到红色文化熏陶,打响红色文化品牌促红色旅游和红色教学。

秀美乡村是横峰县脱贫攻坚打造的知名品牌,红色教学项目通过整合"好客王家、善塘人家、崇山花海、火车小镇、荷塘月色、丫石山寨、重石李家、知青练家、百花洲、苏家塘、乌石头"等105个"望得见山、看得见水、

深情朗诵《可爱的中国》节选,体悟跨越时代的激昂呼唤

记得住乡愁"特色主题村秀美的景点，使学员在不同模式的乡愁里体验，深入学习党中央脱贫攻坚精神，让学员在现场实实在在感悟脱贫攻坚伟大成就，砥砺乡村振兴奋进之志。

"宝石花开，横峰绽放"。多年来，中国石油帮扶项目铸就了横峰定点帮扶的特色品牌，熠熠生辉。2011—2023 年，十年磨一剑，中国石油累计援建各类资金达 1 亿余元，涵盖民生、基建、教育、产业、卫健、党建、消费帮扶等多个方面。"幸福路、致富渠、中国石油无花果帮扶基地、消费帮扶、党建＋扶志扶智项目、自来水项目、黄藤村文化活动中心、同舟工程、丁家村集体经济、葛源乡村振兴文旅民宿示范项目"，承载着方志敏精神与大庆精神（铁人精神）的传承与交融。"石油百花公路、中国石油光伏帮扶电站、港边乡石油中心小学、港边乡石油中心小学体育场项目、旭航助学项目、石油桥、黄藤古桥、扶志扶智培训"见证了百万石油职工与 22 万横峰人民的携手同行。红色教学项目把帮扶项目融入现场教学课程之中，引领学员深切感受石油精神，在研学过程里传承红色基因，全力弘扬石油精神的宝贵价值。

（二）创新引育模式　打造"横峰红培"品牌

红色历史犹如一条鲜明的主线，全方位的讲解恰似一个个关键的节点。唯有实现点与线的完美结合、纵横交错，将自然生态、社会人文、历史发展等诸多元素有机地融入教学情境之中，才能够在抚今追昔之时，充分发挥情感那独特的催化效用。

红色教学项目积极践行"红色＋服务"理念，大力发扬红色传统，促使党员教育真正"实"起来。中国石油在横峰红色教学项目开展初期，面临当地从业人员力量薄弱的问题，县委党校干部不足 10 人，与县职业中学共用教学地点，办学条件较为有限，前期工作推进艰难。经多方深入研究，拟定采用"县委党校＋现场教学点＋专业讲解员＋食宿＋出行"的组合方式开展横峰红色教学。即县委党校依托县域内精选适宜的酒店和餐厅，并进行服务保障，全程严格把关，确保食宿品质。同时，依据"红色、绿色、蓝色资源"制定了 3～7 天的学习方案，可涵盖周边红色教学点，教学内容可由派出单位根据单位培训需求自主选择搭配。同时，结合党校阶段性教学重点，储备专家讲师库，储备精品课程。此外，大力培育一支专业的红色讲解员队伍，精心挑选政治素质好、理论水平高、宣讲能力强的"两办机关干部"、优秀驻村第一书记、先进榜样人物组建"横峰宣讲队"，并加强对红培讲解员的培训，每周开展红色读书会，锻炼讲解技能，切实提高其业务水平和综合素质。

同时，由县委党校带头唱响"横峰红培"特色品牌，以闽浙皖赣革命史为核心，紧扣调查研究主题，深挖横峰红色精神内涵，把好课程质量安全关，深入研究弋横暴动、方胜峰会议、金鸡山大捷、窖头会议等发生在横峰的重大历史事件和相关历史人物，开发红培精品课程和特色课程，打造红培精品课程体系。同时，编制红色资源保护利用规划（红色旅游专项规划），以方志敏同志在横峰的革命足迹为线索，将闽浙皖赣革命根据地旧址群及其他革命旧址串联起来，精心设计主题鲜明的精品线路，做到每个点都有精彩讲解、精细展陈，节点脉络清晰有特色，线路主题鲜明有意义，力争将其纳入国家、省、市等各级红色教学培训精品线路，打造红色精品线路。此外，在红色名村、党建示范点等地挂牌设立一批现场教学点，深入推进红色文旅融合发展，大力实施"红色教学+旅游"战略，对线路沿线或区域内自然生态、传统文化、特色乡村等其他旅游资源进行整合开发，

置身革命旧址，触摸斑驳历史，深刻体悟伟大红色精神

走进革命历史纪念馆，用心感受那波澜壮阔的历史画卷与深沉的革命情怀

丰富红色文旅产品类型，形成以红色教学为牵引，"红、绿、蓝"融合发展的红色文旅产业链，拓宽红色文旅发展空间，深化红色文旅融合发展。

（三）红色传承 赋能乡村振兴发展

红色传承，凭借石油资源的独特优势，为乡村振兴发展源源不断地注入强大动力。在全力保障红培服务质量的基础上，始终积极与前来横峰参加红色教学的石油单位紧密保持联系，深入开展联创共建活动，充分挖掘并发挥双方的优势资源。通过双方的携手合作，一二三产业联动，从农业的坚实基础到工业的创新驱动，再到服务业的品质提升，全方位、多维度地为乡村振兴贡献力量。共同为乡村振兴事业开辟出更为广阔的发展空间。以红色教学为契机，主动衔接来横峰的石油单位与横峰乡村学校结对，开展捐款捐物活动，提升乡村人居环境、教育、养老水平，为乡村"一老一小"赋能。同时，通过红色教学，推动石油单位与横峰工业企业进行洽谈合作，共同协商招商引资事宜，带动社会经济发展。此外，依托现场教学大力开展帮销横峰农产品活动，拓宽农产品销售渠道，提高农产品附加值，增加农民收入。以红色传承为引领，以联创共建为契机，汇聚各方力量，共同推动乡村振兴事业蓬勃发展。

联创共建，石油单位为横峰乡村小学捐赠物资

将红培、村集体与民俗深度融合，为乡村发展注入强大动力

三、总体成效

目前，中国石油指导挂职干部与横峰县委县政府、县乡村振兴局、县委党校等单位前往北京、天津、成都、西安、庆阳、杭州、宁波、广州、重庆、大庆、哈尔滨等地开展红色培训现场推荐活动，并组建20余人的专业带班老师团队，自主开发了10余堂独具特色的红色教学课程，开辟了近20条现场教学方案。红色教学使参训学员党性得到了再教育、精神得到了再洗礼，同时通过培训班在地消费取得了良好的联农助农效果。项目有力地带动了县域及周边10余家宾馆民宿、10余家农家乐和横峰夜经济活力，直接为葛源镇、姚家乡、莲荷乡、青板乡和港边等十个乡（镇、场）20余个村庄带来直接收益。新冠疫情后，红色教学项目从2023年开始至今，已成功举办85期红色教学培训班，吸引了多达14 723人次参与其中，有效拉动地方经济超过1 000万元，为横峰县的经济发展注入了强劲动力。

供稿：中国石油天然气股份有限公司江西销售分公司

范县毛楼乡村振兴暨农文旅融合项目

——中国石油天然气股份有限公司河南销售分公司帮扶案例

河南省范县辛庄镇毛楼乡村振兴示范村暨农文旅产业融合项目，是中国石油2023—2024年帮扶的乡村振兴项目，累计投入资金2 000万元。项目通过坑塘治理、基础设施完善、文旅业态丰富，赋予毛楼村文化特色，在发展文旅产业的同时，推动文化传播走进农村、贴近群众，将中华优秀传统文化厚植农村，打造新时代乡村振兴示范村。以黄河文化为主基调，通过文化广场、陶模艺术馆、景观步道、美食街等不同的展现形式，塑造符合农民群众需求的文化空间，打造以文化振兴助推毛楼村全面振兴的典型示范。

毛楼生态旅游景区位于河南省濮阳市范县辛庄镇，地处黄河中下游北岸，紧邻冀、豫、鲁三省交界处，地理位置优越，自然风光旖旎。毛楼村历史悠久，因黄河而兴，也因黄河而困。在党和政府的关怀下，毛楼村修建了避水连台，建设了新村，并在此基础上开发了毛楼生态旅游区。2002年，该景区被授予国家3A级旅游区，成为辛庄镇、范县乃至濮阳的一张亮丽名片。

毛楼生态旅游景区以其独特的黄河景观、丰富的文化资源和浓郁的乡土气息吸引了众多游客。景区内不仅有壮观的黄河90°大转弯，还有历史悠久的郑板桥纪念馆，以及生态农业体验区、水利工程科普区、生态涵养保育区、廉政教育展示区和研学实践活动区等多个功能区，为游客提供了多样化的旅游体验。

一、文旅融合，挖掘毛楼历史文化底蕴

一是科学规划，高标准建设。为进一步提高景区整体环境，中国石油紧扣地方政府发展规划，坚持一张蓝图绘到底，以高标准规划、高质量建设、高水平管理，精细化重塑毛楼生态旅游景区。地方政府根据项目规划，取缔景区内违建游乐设施52家、不合规摊位51家，拆除私搭乱建房屋16座，消除了环境污染隐患。重新编制规划，确立了以"黄河文化主题"为核心，以寻根溯源为轴，打造黄河风貌展示带的发展规划，具体划分为生态农业体验区、水利工程科普区、生态涵养保育区、廉政教育展示区和研学实践活动区五个功能区。二是积极投入援建资金。为提升毛楼生态旅游区的品质，中国石油结合地方政府需求，先后投入帮扶资金2 000万元，为毛楼生态旅游区的提升改造注入了资金活力。2023年，已经投资建成店铺27家、占地3 000平方米的特色美食街一条，丰富景区文旅业态；建成全长395米的黄河文化景观"网红路"，集中展示沿黄九省（区）的独特风貌；建成占地1 300平方米、容纳展品70多件的范县陶模艺术馆，集中展示范县独特的黄河文化；拟建设豫北最大的黄河文化广场，占地28 000平方米，集中宣传、弘扬黄河文化；投资300万元，改造提升郑板桥纪念馆，让板桥文化更加深入人心；同时，依据现有的千亩苹果园，开发建设苹果主题公园，集采摘、游玩、休闲于一体，扩充景区生态农业框架。这一系列项目的实施，解决了毛楼生态旅游区文化内容单薄、旅游业态单一、环境脏乱差、治理无序等问题，让景区真正实现了升级蝶变。

二、丰富亮点，培育打造文旅精品

为了进一步提升毛楼生态旅游区的吸引力和影响力，辛庄镇深入挖掘毛楼的历史文化底蕴，培育打造了一系列文旅精品。一是叫响板桥文化。依托郑板桥纪念馆，毛楼生态旅游区推出郑板桥判案戏剧演出，通过生动的戏剧表演，展现了郑板桥清正廉明、为民请命的形象，让游客在欣赏演出的同时，深入了解郑板桥的历史故事和文化内涵。投资 10 余万元，推出线下沉浸式郑板桥判案"剧本杀"，让游客身临其境，深度体验郑板桥人物的魅力，感受他的智慧和情怀。这种创新的文旅项目，不仅吸引了大量年轻游客，还提升了景区的知名度和美誉度。二是弘扬黄河文化。以黄河文化为抓手，打造黄河文化景观"网红路"，以黄河文化为重点，在五一期间举办"范县毛楼村民俗文化艺术周"活动，引进《我家住在黄河边》大型杂技表演，开展为期四天的杂技表演秀；推出"黄河人家 重拾记忆"展，提升景区互动性，2023 年五一期间毛楼景区游客量达 5.8 万人次，相较于 2019 年同比增长 23.4%；综合收入达 70 万余元，相较于 2019 年同比增长 13%，双双突破新高。国庆黄金周期间，毛楼景区乘胜追击，成功举办了以"我家住在黄河边"为主题的黄河大集活动，不仅进一步弘扬了黄河文化，还极大地激发了游客的参与热情，活动综合收入高达 98.8 万元，累计接待游客人数达到 7.3 万人次，再次刷新了景区接待纪录，标志着毛楼生态旅游区在推动地方经济发展、促进文化繁荣方面迈上了新的台阶。三是持续丰富景区业态。利用周末双休日策划开展毛楼美食音乐季、毛楼啤酒节等活动，丰富景区美食，新设烧烤摊位，吸引了大量游客，刺激毛楼生态旅游区夜间经济发展，让

范县毛楼陶模艺术馆

毛楼特色美食街夜景

景区突破节假日爆满、平日冷清的困境，为景区聚人气、赚口碑，实现了景区蜕变。

三、深度融合，打造"旅游+"融合发展

一是旅游+康养。毛楼生态旅游区充分发挥其自然景观和人文资源的优势，积极推动康养旅游的发展，目前已成为三星级康养旅游示范村。同时，结合当地的生态农业和土特产资源，开发了一系列康养旅游产品，如生态农业体验、土特产购物等，让游客在享受美景的同时，还能体验健康的乡村生活。二是旅游+村集体经济。毛楼生态旅游区的发展不仅带动了旅游业的繁荣，还促进了乡村振兴产业的发展。通过"公司+村集体+农户"的发展模式，毛楼村成立了农业合作社和生态旅游开发有限公司，与农户建立起紧密联结机制。景区的发展为当地村民提供了大量的就业机会和创业机会，增加了村民的收入来源。三是旅游+产业。景区还带动了周边地区的种植业、养殖业和农产品加工业的发展，打造"毛楼湾"绿色农产品品牌，形成了完整的产业链条。毛楼生态旅游区依托当地的自然资源优势，大力发展生态农业，通过土地流转和委托经营等方式，引导村民种植高效、生态、观光的农作物和水果，目前毛楼村已发展苹果园、葡萄园等经济作物种植产业，提高了农业的经济效益和生态效益。

毛楼特色美食街

毛楼生态旅游区通过文旅融合、丰富亮点和深度融合等措施，成功打造了具有鲜明特色和亮点的乡村旅游品牌。景区的发展不仅提升了当地的知名度和美誉度，还带动了乡村振兴产业的发展和村民收入的增加。下一步中国石油将持续关注项目的发展，继续深化文旅融合战略，推动旅游产业项目的持续健康发展，为乡村振兴贡献更大的力量。

供稿：中国石油天然气股份有限公司河南销售分公司

一窗荷香醉人居　富民花开别样红

——中国石油天然气股份有限公司河南销售分公司帮扶案例

范县韩徐庄民宿是中国石油携手范县政府、中国乡村发展基金会积极探索，立足当地实际，将输血转变为造血，实现脱贫攻坚与乡村振兴有效衔接产业帮扶项目。项目以建设精品民宿为抓手，引入专业运营团队，完善乡村基础设施、盘活村民闲置房产，实现乡村环境的全面改变与乡村资产增值；积极培训村民劳动就业技能，增加就业机会，促进稳定增收；项目让村民以合作社社员身份，参与村集体资产入股分红。

一、接天莲叶无穷碧，映日荷花别样红

初夏的中原荷乡——范县陈庄镇韩徐庄村，绿意如海，碧荷醉眼，娇花留影，芦苇轻摇，野鸭游弋，游人如织。自2017年起中国石油携手中国乡村发展基金会，依托乡村旅游扶贫示范项目，在定点帮扶市、县进行选址的基础上，

民宿内景

以精品民宿为抓手，以打造旅游产业平台为目标，积极推进参与韩徐庄村的特色小镇建设，实现了村美民富的双赢。

二、吃透实情，找准着力点

范县韩徐庄村共有 2 个村民小组 134 户 587 人，其中原有建档立卡贫困户 41 户 160 人，耕地面积 700 亩，现已全部流转。80% 的村民主要依靠外出务工、地租等收入，有饭吃饿不着、有衣穿冻不着，脱贫方式、渠道单一，脱贫效果不佳。同时，整个村子被荷塘包围，大批农家院常年无人居住。高空鸟瞰就如莲花岛上的村庄，为利用优势产业万亩荷塘，发展乡村旅

民宿接待大厅

游、民俗建设创造了条件，为把绿水荷塘变成金山银山提供了基础支撑。

三、众志成城，焊紧结合点

中国石油作为国有重要骨干企业，紧跟地方需求，坚持与时俱进，及时转变帮扶方向，在做好民生帮扶工作的同时积极开展产业帮扶。与范县政府联手，借鉴中国乡村发展基金会多年耕织于乡村的项目经验，依托特色小镇项目，先后投资1500万元以精品民宿为抓手，以合作社为基础，开展民宿建设，推进产业发展，拓展项目培训及传播，打造旅游产业平台，实现贫困群众劳动技能提升并增加收入、稳定脱贫，助力地方特色经济可持续发展。

民宿内景

四、典型引领，叫响突破点

治穷先治愚，换法先换脑。"祖祖辈辈都在这，咱这只能土里刨食，还能成景区？城里人还会来俺这住？"面对村民的质疑，中国石油联合中国乡村发展基金会和当地政府根据基础设施、绿化景观、资源分布、文化特色、交通等基本条件，统筹空间组织划分和整体规划，完善基础设施，建设雨、污水处理设施解决水污染，优化了生态环境，沿街立面改造和入口景观建设整体提升村容村貌。租下了9座农家院进行改造，一套一套按照轻奢路线打造的民宿，传统土房子的外形下是时尚、舒适、格调、精致的内涵，无论设计还是房间里的设施，比很多星级酒店还要好。后期，村民见面就问"我家闲置的院子你们拿去好不好"，村民有了十二分的热情参与到民宿村的建设和运行中去。

五、量身造血，激活开心点

为贯彻落实产业扶贫理念，拓展村民在地就业渠道，中国石油大力支持公益事业，推出"荷乡能工计划"，针对韩徐庄村民进行花艺、布艺、荷叶染、手工、厨艺、手机摄影、木作等专项产业技能培训，并协助其在地就业，共同推动韩徐庄村乡村旅游产业发展。村子里在外务工的村民也纷纷回乡创业就业，包括贫困户在内的9位农家妇女被选聘为民宿管家，农家老汉当起了保安员、保洁员，获得一份工资的同时也为家乡的发展献出自己的一份微薄之力，有的则在家门口做起了卖冷饮、卖小吃的生意。更多的在外打工的年轻人也看好家乡的发展，准备来年结束背井离乡的漂泊，尝试从家乡乡村旅游中施展拳脚。家乡的发展不仅解决了空巢老人、留守儿童问题，实现了人们回归家庭共享天伦之乐的愿望，还使回乡年青人能共享发展的红利。

韩徐庄村的变化有目共睹，景更美、人和谐、乡意浓，中国石油将进一步加强与范县政府的联系，深入挖掘荷花文化，用文化引路，激活乡村旅游，发展民宿产业村，书写属于自己的浓墨重彩，为中原更加出彩增添亮丽色彩，成为乡村振兴战略下熠熠生辉的民宿村、明星村。

供稿：中国石油天然气股份有限公司河南销售分公司

执帮扶之笔绘就青格里乡村振兴美丽新画卷
——中国石油天然气股份有限公司乌鲁木齐石化分公司帮扶案例

自2003年中国石油天然气集团有限公司委托乌鲁木齐石化公司（以下简称"公司"）定点帮扶青河县以来，逐步构建形成了以"产业帮扶为核心、消费帮扶为手段、教育帮扶为支撑，医疗帮扶为保障"的帮扶工作体系，为青河县打赢脱贫攻坚战、巩固拓展脱贫攻坚成果、推进乡村全面振兴贡献了力量。前后共计21年，公司先后援派11名挂职干部，使用集团公司帮扶资金超过1亿元，在青河县建设和实施项目44个，年创产值3 300余万元、实现净利润900余万元，惠及哈萨克族农牧民228 410人次；乌鲁木齐石化分公司执中国石油帮扶之笔"四图共展"，与青河人民共同绘就了青格里乡村振兴壮丽新画卷。

一、背景情况

青河，蒙古语"青格里"，意为"美丽清澈的河"，青河县由此得名。青河县地处准噶尔盆地东北边缘，阿尔泰山东南麓，总面积1.57万平方千米，边境线长259.4千米。全县辖3乡5镇，52个行政村，由哈萨克族、汉族、蒙古族、回族、维吾尔族等16个民族组成，全县现有耕地29万亩，可利用草场1 625万亩，是重要的粮食生产县。2017年青河县实现脱贫摘帽。自2003年中国石油委托乌鲁木齐石化公司定点帮扶青河县以来，公司坚决贯彻落实党中央、国务院决策部署，积极按照集团公司、自治区脱贫攻坚和乡村振兴统一要求和安排，积极履行政治责任、经济责任、社会责任，先后援派11名挂职干部赴县挂职工作，投入近亿资金，有组织、有计划、有步骤、有措施、讲效果地做好定点帮扶工作。

二、主要做法

（一）绘就产业发展"兴旺图"

为推动青河县畜牧业绿色发展和生态保护，缓解青河县牛羊饲料供给难题，结合当地自然禀赋和发展诉求，公司久久为功、善作善成，打造出一条覆盖"种植—饲料—养殖—屠宰—加工—销售"，上下游相互促进、绿色发展的完整产业链图景，为青河县产业发展提供了有力支持。

以推行节水技术为先导，保障粮食和饲草料需求。 青河县可用耕地36.8万亩，自2016年开始，中国石油开始投入资金实施高效节水滴灌技术改善土地种植条件，至2024年共斥资2 249万元，改善低产、撂荒、弃耕、复垦土地灌溉条件2万亩，经过高效节水滴灌溉技术改造后，有效减轻了旱涝危害，实现肥水管理合一，生产耕作劳动强度大幅降低，占全县可耕地七分之一的可耕地变为稳产高产良田。8年来，实施节水项目10个，共建设变配电设施、高压水泵房10个，建设闸阀井、排水井320多个，敷设主管网管线200多千米。引导哈萨克族农牧民实行土地流转经营，流转费收益每亩平均800元以上，2万亩土地总收益在1 300万元以上，惠及2 500余人，解放劳动力550多人，为青河县农牧民创收1 300万元（按平均值每亩800元流转费收入计），实行粮食作物和经济作物轮作生产模式。生产过程中，产生大量的农作物秸秆经过加工，变为牛羊饲草料，又为发展畜牧业、提升牛羊存栏量提供了有力保障。

以改善养殖设施为依托，推动畜牧生产转型升级。 创新举措发展畜牧业，采取兴建棚圈集中育肥与农户分户饲养相结合的方式推动畜牧生产转型升级。集中育肥方面，投入帮扶资金800万元，建设占地100亩的萨尔托海乡阿热合勒特养殖合作社，当年建成投入使用，该合作社现有大小牲畜420头，受益群众249户908人（其中脱贫户15户57人），每年帮扶所在村集体经济收入30万元。分散饲养方面，动员节水灌溉项目所在的9个村，利用农作物秸秆作为饲草料，扩大牛羊养殖规模，至2023年底不完全统计，牛羊存栏量超过38.58万头（只）。2023年，在萨尔托海乡青山牧人养殖合作社的基础上继续投入帮扶资金60万元，引进各龄段品类齐全的良种牛，建立了以西门塔尔牛为主的"牛超市"，农牧民可直接挑选购买或采取"土换优"的良种更新模式。"牛超市"品改模式一经推出，获得了农牧民的高度认可，群众参与度极高，已先后通过"牛超市"引进良种牛1 950头，对青河县提

卫生救援能力提升捐赠仪式

新疆宝石花医院医生为青河农牧民义诊

升牛品种改良率和带动农牧民致富增收、培育畜牧产业、促进乡村振兴起到了良好的示范带动作用。2022年至今，共投入1 400万元用于饲草料加工，建设1 155平方米的萨尔托海乡饲料加工厂，年加工能力达6万吨左右，增加村集体经济收入50万元左右，转移劳动力40人左右，同时进一步转变农牧民群众的养殖观念、降低养殖成本、增加收入，为乡村振兴提供助力。

以畜牧屠宰加工为手段，提高生态牛羊肉附加值。 援建高效节水滴灌项目，保障了粮食稳产的同时，大幅提升了饲草料增量，饲草料充沛促进了畜牧养殖业兴旺，牛羊存栏量每年递增7%以上，至2022年青河县牛羊规模突破70万头（只）；2020年、2021年在青河县分两期援建了畜牧屠宰场项目，总投资1 300万元，填补了区域性行业空白，成为阿勒泰地区最具影响的现代化规模屠宰场。2021年5月建成投用后，当年实现屠宰牛380多头、羊6 800只，每头牛增值1 200元、每只羊增值400元，共生产牛羊肉280吨，实现产值1 272万元，实现利润63.6万元，带动25名富余劳动力就业，人均年收入42 000多元。项目2022年开始受益分红30万元，2023年以后增加到50万元。

以灵活多样营销为目标，实现农牧民稳收增收。 依托青山牧人品牌建立精品牛羊肉产业，贴牌"马拉松牛肉"和"马拉松羊肉"，通过组织参加中国石油农产品展销会、大客户推销、"昆仑好客"网络直播、网红带货等营销手段，积极开拓市场，提高品牌知名度，使青河县牛羊肉产品畅销疆内外，2023年销售额预计超过2 500万元，产品热销，助推了青河县畜牧业发展，也使农牧民腰包鼓起来。中国石油将其列入消费帮扶产品目录，推荐百万石油员工踊跃购买，2023年以来，乌鲁木齐石化公司员工仅购买青河县牛羊肉产品一项就超过500万元。

（二）绘就消费帮扶"暖心图"

中国石油特别重视消费帮扶，连年采取消费帮扶赋能行动，给各地方分公司下达消费帮扶任务指标，对口责任单位乌鲁木齐石化公司每年按照下达的指标超额完成任务。公司采买的青河县农产品主要用于职工福利、员工餐厅以及职工生病住院和劳模先进慰问。公司全力帮助解决青河县农牧民农产品卖难问题，不断加大采买力度，2021年至今，累计采买青河县农产品超过1 500万元；此外，还在职工超市设立青河县农产品销售专柜，宣传和动员全公司职工和家属消费帮扶采购青河县农产品，超市专柜销售额逐年上升，现已突破100万元，青河县沙棘系列饮料、牛羊肉、葵花籽和地产酒越来越受到公司各族职工家属的欢迎和推崇。公司还依托中国石油帮扶农产品销售平台，积极支持青河县惠华沙棘、马拉松牛羊肉参加集团公司举办的帮扶地农产品展销会、昆仑好客购物节等各种营销活动，积极参与"央企消费帮扶兴农周""消费帮扶金秋行动"等活动，帮助青河农产品不断扩大知名度和市场份额，销售业绩逐年攀升，促进了定点帮扶青河县的特色农产品提质增效，全面推进乡村振兴。

受到益师计划帮助的青河县小学

益师计划汇报演出

（三）绘就职业教育"人才图"

公司持续加大乡村人才培训力度，依托青河县技工学校建设人才培训基地，投入资金600万元，组织技能培训总计2.3万人次，一大批致富带头人、优秀基层干部、中小学和幼儿教师脱颖而出；结合当地主导产业，依托养殖、种植、旅游、餐饮、宾馆等发展开设培训专业。根据农牧民需求，分类培养农牧民学习国家通用语言文字、政策法规、技能等，有效提高了农牧民的整体素质和生产技能，农牧民就业、创业能力，遵纪守法和依法维护自身权益的意识进一步提高。实施的"中国石油促进青河县旅游民宿餐饮项目"，为学员提供免费食宿，聘请资深教师进行授课，通过学校集中＋进村办班＋理论＋实操培训方式，为青河县旅游民宿餐饮发展培养了一大批实用人才，涌现了一批餐饮创业带头人。其中"乌格提古丽快餐店"年收入增加到15万元，"江阿古丽农家乐"每年5—10月营业高峰期，月平均纯收入8 000余元，阿克塔勒农家乐一年增收3万元，通过致富带头人典型引领，更多有志乡村年轻人投身家门口的创业行动，用智慧和汗水努力建设美丽家乡，创造美好生活。

组织开展"益师计划"培训乡村教师

组织开展乡村干部培训班

（四）绘就医疗帮扶"健康图"

青河县地域辽阔，边远乡镇医疗条件相对较差，中国石油高度关注脱贫地区医疗帮扶，充分考虑当地医疗资源缺乏、地域辽阔、居民分散等因素，本着让当地农牧民长期受益的原则，在往年捐赠的3辆救护车基础上，2021年又投入150万元为青河县5个乡镇购买了5辆救护车，援助青河县8个乡镇的8辆救护车为救死扶伤、疫情防控发挥了极大的作用，受到了当地各族群众广泛的好评。同时依托中国石油大病再诊断和"互联网＋医疗健康"服务平台，使北京医疗资源惠及到青河县各族农牧民，目前，青河县群众大病诊疗基本上做到了不出县。2003年，中国石油援建了青河县塔克什镇中心卫生院，时隔 20 年，2023 年再投入 750 万元，在原塔克什镇中心卫生院基础上，建设青河县中蒙边境国门医院服务能力提升和应急保障项目，提升塔克什肯口岸的整体医疗水平，改善当地人民群众的就医环境，同时作为口岸医院，吸纳周边国家居民通过口岸前来就诊，提高医院经济效益的同时，向周边国家居民展示良好的中国国际形象，为"一带一路"建设做出青河贡献。

三、经验启示

中国石油定点帮扶青河县是贯彻落实习近平总书记关于"三农"工作重要精神的具体实践，完全契合当地自然资源禀赋，顺应哈萨克族农牧民畜牧业生产传统优势。乌鲁木齐石化分公司在委托执行中构建形成了以"产业帮扶为核心、消费帮扶为手段、教育帮扶为支撑、医疗帮扶为保障"的帮扶工作体系，起到了示范引领、土地增值、粮草兼收、智志双增、农牧民增收、保障人民群众健康的多重显著作用。

乌鲁木齐石化分公司执帮扶之笔"四图共展"，与青河人民共同绘就了青格里乡村振兴美丽新画卷，当地农牧民见到"宝石花"（注：中国石油标志）就脱口而出"脱贫不忘共产党、致富不忘中石油"，农牧民由衷赞誉是最好见证。乌鲁木齐石化分公司将以更大力度、更实举措，一年接着一年干，助力青河县乡村全面振兴，实现青河乡村由表及里、形神兼备的全面提升。

供稿：中国石油天然气股份有限公司乌鲁木齐石化分公司

"四渡赤水"红色文化教育
——中国石油天然气股份有限公司贵州销售分公司帮扶案例

2011年，中国石油带着初心使命和责任担当，来到习水革命老区，立足"习水之需，中石油之能"，开展定点帮扶工作，先后下发了《关于在定点帮扶贵州习水县江西横峰县设立"中国石油党员干部红色教育现场教学点"的通知》和《关于实施2023年消费帮扶赋能行动的通知》，鼓励集团下属各单位组织党员干部群众赴习水土城四渡赤水教学基地开展干部教育培训活动，大力弘扬"石油精神"和"长征精神"，为习水革命老区的发展和红色文化事业发展贡献石油智慧、石油方案、石油力量。2023年，集团公司下属20余家单位，组织学员2 000余人到习水开展红色文化教育培训。

一、项目背景

习水是红色革命老区，拥有丰富的红色文化资源，是

后带领集团公司和贵州销售分公司到习水考察调研帮扶工作，明确了"习水之需，中石油之能"的帮扶策略，结合习水地方产业结构和资源优势，提出习水县依托丰富的红色文化资源，在着力打造"四渡赤水"红色文化教育品牌上助推乡村振兴高质量发展的前景广阔。但习水的红色教育培训事业正处于起步发展阶段，在办学经验、管理体系和队伍建设等方面还有不足，亟须进一步强化和提升。于是，由中国石油党办、北京石油管理干部学院、铁人学院组建干部教育培训专家团队到习水，同四渡赤水教学服务中心开展沟通交流，就如何利用"四渡赤水"红色文化品牌与"石油精神""大庆精神"转化为干部教育培训工作的质效进行深入探讨，为四渡赤水教学服务中心开展干部教育培训明确了一条"依托红色资源、深耕红色教育、传承红色基因、助推乡村振兴"的科学发展道路，并形成了培训工作管理规范的科学架构，为做大做强干部教育培训打下坚实基础。

（二）强化创新引领，优化内容设计

四渡赤水教学服务中心主要依托"四渡赤水"红色文化品牌资源开展红色教育培训，中国石油集团对教学管理、现场教学点打造、教学线路规划、地方特色产品植入等问题做充分论证与创新规划，成功对四渡赤水教学服务中心核心教学区、辅助教学区、延伸教学区等三大教学区甄别分层，对7条特色培训教学线路进行结构性优化，对17个现场教学点建造方案进行论证升级，并将土城青杠坡红色美丽村庄、大坡梧桐山民宿、良村工业园区、习水古树茶种植基地、回龙洞湾村田园乡村示范点等纳入教学线路，完成对当地独特自然资源与丰富红色资源向教学资源的有效转换，使得习水红色文化教育培训内容设计实现系统性、科学性、实效性、多样性转变提升，做大了"产""教"融合发展这篇大文章，为习水地方特色农产品的宣传、销售搭建一个良好平台，实现地方农特产品销售提升，促进岗位就业、带动群众增收，助推乡村振兴高质量发展。

（三）强化能力引领，增强师资水平

四渡赤水教学服务中心办学时间短、起步较低，师资队伍年轻化，在理论功底、专业能力等方面存在不足。中国石油先后选派 12 名培训专家对四渡赤水教学服务中心进行课程研发指导，在课程研发技巧、备课实战经验、课题评审申报、红色精神解读等方面给予很大帮助，完成 21 门现场教学、1 门访谈教学、3 门情景教学、2 门互动教学、3 门体验教学和 4 门乡村振兴案例教学的研发投用，并立足中心未来培训需求与中心教师成立课题共享共建小组，共同研发专题教学《长征精神与石油精神》。同时，中心选派业务骨干前往北京石油管理干部学院进行跟班学习，在专家团队的帮助下，师资队伍在教学研究能力水平上得到质的飞跃。

（四）强化宣传引领，拓宽招生渠道

中国石油积极主动帮助四渡赤水教学服务中心，开展"四渡赤水"红色文化教育品牌提升打造工程，提供科学的宣传方案设计，通过网站、微信公众号、视频号等方式对习水红色资源情况、红色教育培训情况进行专题宣传推介。中石油系统所属中国石油管理干部学院、大港油田培训中心、大庆油田培训中心、铁人学院等单位先后与四渡赤水教学服务中心签订干部教育培训战略合作协议，进一步拓展了四渡赤水教学服务中心在干部教育培训领域"朋友圈"，积极推介石油系统相关单位前往四渡赤水教学服务中心开展红色教育培训，参训单位覆盖北京昆仑数智、上海联油有限公司、江苏中石油国际事业有限公司、浙江自贸区中石油国际事业有限公司、寰球工程、辽河油田金海采油厂、中国石油重庆销售公司、云南中石油昆仑燃气有限公司、大港油田土地管理服务公司、大庆油田有限责任公司、中国石油集团工程技术研究院有限公司、中石油克拉玛依石化有限责任公司、华南中石油国际事业

单位有限公司、新疆油田公司、中石油海南销售公司等。自帮扶以来，完成培训人数超过5万人，"四渡赤水"红色文化教育品牌影响力不断扩大，吸引越来越多的培训对象前往习水接受红色教育，学习红色历史，感悟红色精神，带来1亿多元的经济效益，带动周边旅游产值达到4 000多万元，带动就业2 000余人。习水"四渡赤水"红色文化教育品牌知名度、影响力和竞争力在全国得到不断提升。

供稿：中国石油天然气股份有限公司贵州销售分公司

打造梧桐山品牌民宿助力"金凤凰"腾飞

——中国石油天然气股份有限公司贵州销售分公司帮扶案例

2017年以来,中国石油集团携手中国乡村发展基金会、习水县政府三方协作,落实中央定点帮扶工作。在大坡镇田坝村启动"美丽乡村"项目建设,试点打造产业强、生态美、文化兴、机制活、百姓富的乡村振兴综合示范村,带动当地文旅发展,以专业种植合作社,提高农户标准化种植,切实带动农民增收。

项目于2018年4月正式启动建设,将生态环境保护与挖掘旅游资源相结合。一是不大拆大建,保存原有传统民居和自然风光;二是保护和传承当地苗族的苗绣、蜡染等文化;三是挖掘当地杨梅产业资源,打造旅游休闲、避暑、康养等一体的民宿体验区。解决了当地16名群众的就业问题。

田坝村地处习水县大坡镇北面,距大坡政府所在地9千米,辖区面积15.3平方千米,现有土地面积2 544亩,

巩固脱贫攻坚成果与乡村全面振兴有效衔接

村民拿到分红的现金

向田坝村原驻村第一书记、中国石油帮扶干部王建平赠送锦旗

林地19 000余亩，森林覆盖率达75%以上，自然资源丰富，属于亚热带气候，冬暖夏凉，四季如春，交通便利，乡村旅游区位优势明显，目前乡村旅游项目建设如火如荼，旅游产业发展日益兴旺。

一、主要做法

自2017年10月启动以来，中国石油已累计投入3 600万元，建成10个院落38间高端民宿，打造旅游接待中心1个、餐饮和手工艺品合作社1个，项目建设将生态环境保护与挖掘旅游资源相结合，建设550亩杨梅园、110亩桃李园，沿线升级6千米景区道路。

项目委托运营方北京"隐居乡里"全程参与民宿选址、规划设计、工程建设等前期工作，并负责后期经营管理。项目采取公司＋专业合作社＋农户的模式进行收益分配，营业收入按照运营公司占30%，专业合作社占70%的模式进行分配。运营方不承担运营成本，合作社收益部分除去项目整体运营成本后，净利润按5∶3∶2比例进行分配，其中50%对全体社员进行分红、30%作为村级发展基金、20%作为公益及传导金对特困群体进行救助。

二、主要成效

"梧桐山"民宿建设过程中，带动当地群众就地务工就业540人次，实现就业增收1 080万元。"梧桐山"民宿自2020年9月试运营以来，累计接待国内外游客1.1万余人次，截至2023年12月，累计运营收入433万元；带动当地群众稳定就业55人，年人均增收入2万元，合计220万元；直接带动当地群众农特产品销售120万元。通过"梧桐山"民宿的"头雁效应"，带动大坡镇乡村旅游"两区一带"创建（梧桐山精品民宿旅游度假区、飞鸽国家级森林公园景区以及习水河谷乡村旅游示范带），助推乡村旅游示范镇提档升级，推动乡村民宿"组织化、标准化、特色化、产业化"发展。依托中国石油消费帮扶和梧桐山精品民宿平台带动，全镇重点发展花椒、优质水稻、辣椒、秋水鸭、林下鸡等特色高效产业，全镇发展花椒11 000余亩、杨梅7 000余亩、优质水稻10 000余亩、秋水鸭10万羽/年、生猪20 000头/年，持续带动群众增收。全面改善农村人居环境，实现了群众共享村庄资源，有效推动乡村治理，群众精神面貌焕然一新、生态环保意识明显增强，乡风文明治理成效明显。通过开展中国石油消费帮扶，直接帮助销售花椒、大米、菜油、腊肉制品、野生岩蜂蜜等农特产品600余万元。

夜空下的"梧桐山"民宿，幽静而明亮

"梧桐山"民宿的运营带动了田坝村集体经济的发展，全乡镇周边群众30 000多人受益。直接解决当地群众就地就业100多人，就业人员人均每年增收20 000多元。项目运营共计接待人数近20 000人次，吸引全国20多所高校80多名大学生进村实

游客体验苗族传统服饰

习，荣获2020年中国乡创地图乡村振兴示范村、2021年贵州十佳特色民宿、贵州省少数民族村寨、2022年贵州最美休闲民宿、全国民宿黑松露奖排行前50名等荣誉。自项目建设和营业以来，有"你好·生活"和"她·乡——风一样的女子"栏目等选定梧桐山作为拍摄地，节目播出以后，具有较大的社会反响，省市县各大媒体也纷纷关注梧桐山。在《中国乡村振兴》2022年第6期的《中石油：田坝村里栽"梧桐"》一文，已编纂到《中国乡村振兴政策与实践（2023年基层干部读本）》中；中国石油官方微信号发布了推送文章《这个世外桃源，终究还是藏不住了》；贵州日报、动静贵州发布文章《习水县梧桐山乡村振兴项目首次分红，惠及500余名村民》《乡村旅游项目结硕果 习水县这个村一次分红30万！》等文章，印证了"梧桐山"中飞出了"金凤凰"。

三、创新亮点

民宿项目推动大坡镇全面乡村旅游发展产业化，借鉴梧桐山民宿成功运营经验，进一步细分乡村旅游各个环节，按照"政府引导、市场主导、协会推动"的原则，找准政府自身定位，最大限度整合各方资源，全面推动乡村旅游产业化发展。通过培育镇内旅行社家阁民宿，负责游客在大坡入住期间的全程跟踪服务，为游客提供宾至如归的旅游服务。村级旅游协会负责监督指导民宿的服务质量，协调处理游客入住期间的各方面问题，

游客体验打糍粑

游客体验插秧苗

游客体验收稻谷

游客体验石磨豆浆

确保游客游得舒心，住得满意。聚焦"后备箱"经济，围绕杨梅、花椒、优质水稻、岩蜂蜜、秋水鸭、黔北黑猪、苗族刺绣等特色产业，大力发展"旅游+农产品""旅游+手工艺品"，推动一二三产业融合发展。"梧桐山"民宿由中国乡村文旅产业运营商运营，专注于以国有经济与村集体经济为主体，挖掘当地乡村资源优势，通过孵化并运营村落品牌实现乡村沉睡资产的盘活，提供一站式解决方案，项目在全国民宿中具有较好的示范性。

游客体验做花灯

游客体验挖红薯

四、分红情况

中国石油乡村振兴定点帮扶习水县大坡镇田坝村"梧桐山"民宿旅游项目第一次分红，总计30万元。田坝村139户564名社员每人分到了500元红利，总计282 000元；4户困难家庭收到村级公益金12 000元帮扶；在民宿建设和发展过程中做出积极贡献的40户群众总计得到了6 000元奖励。

五、民宿活动

丰富多样的活动使得民宿在众多住宿选择中脱颖而出。例如，相比单纯提供住宿的民宿，提供传统手工艺、民俗文化和农事体验活动的民宿会吸引更多追求深度体验的游客，从而提高民宿的入住率。

民宿积极与当地村民合作开展活动，展现了其对当地文化和社区的尊重与融入。社会责任意识有助于塑造良好的品牌形象，在游客中树立口碑。民宿通过推广当地民俗文化，被游客认为是一家有文化底蕴和社会担当的民宿，进而提高品牌知名度和美誉度。

传统上，村民可能主要依赖农产品销售等单一收入渠道。通过与民宿合作开展活动，村民有了更多的赚钱机会。比如在农事体验活动中，村民不仅可以销售农产品，还能通过指导游客农事操作获得额外收入。

在民俗文化体验和传统手工艺体验活动中，村民们成为了文化的传播者。

客人体验高山流水　　　　　　　　苗族风情篝火晚会

这不仅有助于将当地的传统文化传承下去，还能让村民对自己的文化产生更强烈的认同感和自豪感。例如，龙田组的传统苗歌和芦笙舞在民宿的推广下得到了更多人的关注，年轻村民也更愿意学习和传承这一技艺。

供稿：中国石油天然气股份有限公司贵州销售分公司

兴林富民 推动生态效益与社会效益双丰收

——中国石油天然气股份有限公司独山子石化分公司帮扶案例

近年来，中国石油连续4年援助察布查尔县林业项目3 560余万元。其中察布查尔县生态扶贫林项目2 500万元、国家储备林项目1 000万元、碳汇交易开发项目60万元，援助资金注入到项目资金池后，金融杠杆作用显著，为察布查尔县林业产业发展和国家储备林项目建设助力，项目的实施帮助300多名当地建档立卡脱贫户稳定就业，进一步改善了生态环境。

一、项目背景

2002年，察布查尔县被评为国家扶贫开发重点县，2017年脱贫摘帽，是全疆第一批摘帽县。全县建档立卡贫困户3 199户11 403人主要集中在5个山区乡镇。脱贫攻坚过程中通过"三资三化",组建了察布查尔生态扶贫投资发展有限公司,采取"国有+金融+民营+项目+扶贫"市场化运营方式,对国有草地林地进行生态修复治理和高效开发,推进就业帮扶、产业帮扶,让贫困户从产业发展中受益,巩固提升脱贫攻坚成果。按照新时代、新思想、新理念、新发展,实现县域经济、民生、生态长久协调发展。项目以"生态修复、乡村振兴、产业兴旺"为目标,致力解决:"美丽乡村建设,环境改善、脱贫户稳定就业"等方面的问题。

二、主要做法

(一)抓规划

邀请新疆林业科学院、伊犁州水利水电设计院、京延工程咨询有限公司三家单位,规划设计伊犁州察布查尔县国家储备林一期建设项目。以国家储备林建设为载体,通过项目实施,利用政策性银行贷款,加快推进大径级用材林基地建设,增加木材资源储备,提高森林经营水平和林地生产力,推动森林资源培育转型升级、提质增效,实现林业生态经济的可持续发展,拓展产业链,发展林下种植等林下经济,拓展增收渠道。在全县范围内逐步形成布局科学、特色鲜明、结构合理、经营集约、功能完备、管理有序的国家储备林基地。截至目前,已完成储备林近10万亩,栽植各类树木近1 000万株。

(二)抓管护

按照国家"发展现代林业、建设生态文明、推动科学发展、保障生态安全、改善生态民生、实现美丽中国"的总体战略,以生态文明和大美新疆为总目标,以改善生态、改善民生为总任务,以全面深化改革为总动力,创新林业体制机制,完善生态文明制度,加快依法治林进程,以开展工程林业为突破口,推进林业持续稳步发展,为实现社会稳定和长治久安不断创造更好的生态条件。同时进一步加强科学化、精细化管理,充分发挥林业的生态、经济、社会效益,实现兴林与富民的和谐统一。采取"公司+脱贫户"的模式进行管护,已选用专业管理人员50名+建档立卡脱贫户300户为护林员。通过以上措施把贫困户变成"土专家""林秀才",推进就业帮扶、产业帮扶,让脱贫户从产业中受益,稳定脱贫。

(三)抓支撑

围绕将察布查尔县建设成全国重点木材战略储备基地的目标,贯彻落实伊犁州党委、政府"生态立州"的方针，早日实现察布查尔县脱贫致富奔小康的目标，察布查尔县在南岸干渠扬水灌区范围内选择征地、土壤、水源、交通、电力等条件相对较好的3号扬水灌区，建设国家储备林项目，同时配套部分经济林和饲草兼作。在用好中石油援助资金的同时，对接大型企业、商业团体，在产业帮扶项目合作、资源开发、农副产品精深加工、物流配送、线上线下销售等方面进行商洽，充分发挥其多种功能，打造生产扶贫产业一二三产业融合发展格局。

（四）抓机遇

"十四五"时期，国家储备林建设是新疆林业快速发展的最大机遇、最强的支撑和最重要的项目，以习近平总书记生态文明思想为指导，贯彻落实"绿水青山就是金山银山"理念，坚持林业高质量发展，政府发动、项目带动、金融驱动，新造高效林、改培现有林、抚育提质量三管齐下，一二三产业融合，大力推动国家储备林建设扩量、提质、增效，把察布查尔县打造成国家储备林核心基地。

（五）抓机制

从健全国家储备林项目建设工作机制着手，进一步完善项目管理体系，把国家储备林项目建设抓深抓实、抓出成效。一是领导重视，亲自抓。二是健全机制，明职责。具体落实国家储备林项目建设。三是强化督查，重落实。在储备林项目建设过程中，要求年初有计划、每月报进度、年中有督查、年底有总结，确保项目稳步推进。

（六）抓经营

建立国家储备林制度，大力发展国家储备林，是保障我国木材安全的重大举措。在此背景下，国家储备林建设成为落实全面保护天然林的重要支撑，以及开展大规模国土绿化、保障森林生态安全新的发力点。察布查尔县将深入推进"森林+"战略，综合推进现有林改培、人工林营造、种苗供应、综合经营利用、建设木材加工基地和产业园，并开展森林旅游、森林康养项目建设。走出一条生产能力高效、经营规模适度、储备调节有序的木材安全道路。

三、主要成效

国家生态扶贫储备林（一期）建设项目的实施，不仅能够在一定程度上

实现森林的可持续经营，保障国家的木材安全，同时，对调整项目区的农业产业结构和社会经济结构，推动项目区人口、经济、社会、生态、资源的和谐发展，具有显著的社会效益。

一是增加木材储备和供应计算期内可向项目区提供大量木材和优质种苗，增加社会木材及薪材的供应。同时，通过项目建设可奠定实施森林可持续经营的基础，将对改善林分结构、提高单位面积林分产量、保障国家木材安全、促进社会经济可持续发展发挥重要作用。

二是扩大项目区群众就业机会，建设期内的人工林栽培、林木管护及林道维修等，运营期内的林木抚育、营林管护等，都将为项目区及周边群众提供大量就业机会。同时，发展林下经济，发展旅游及康养产业，带动第三产业发展，提供服务业就业岗位。另外，林木采伐、木材运输等还将带来间接的劳务收入，同时还可带动运输、物资生产等相关产业的发展，促进地方经济建设。

三是调整农村产业结构，项目实施可发挥丝绸之路生态防护带建设资源优势，变资源优势为产业优势，发展林下经济，发展旅游及康养产业，带动第一产业、第三产业融合，结合集体林权制度改革和农村土地流转政策，实施国家储备林建设，项目的实施可以长期持续稳定地增加农民收入，加快项目区及周边群众脱贫致富，推动乡村振兴。

四是体现国有企业的社会责任担当。项目通过实施"林业＋扶贫＋旅游"模式，带动察布查尔县经济社会全面发展。察布查尔生态扶贫投资发展有限公司将发挥优势，快速推进园区基础设施、新基建、旅游等重点投资项目进程，履行国企担当，为新疆经济高质量发展添动力、增后劲。

国家生态扶贫储备林一期建设项目的实施，能够实现林业产业和森林的可持续发展，保障国家的木材安全。对调整项目区产业结构和社会经济结构，具有显著的社会效益。既实现绿水青山就是金山银山，又能推动林业碳汇交易。不仅具有减排效应，还有显著的生物多样性保护、环境改善等功能。储备林项目，以重点林业为骨架的生态工程，在全州区域内构建一条绿色长廊，从第 6 年剔移苗木开始有收益，第 9 年开始还有橡树种子收益，项目木材储备价值不可估量，项目直接经济效益可观。

四、创新点、创新意义

在中国石油的支援和真情帮扶下，察布查尔县切实增强加快国家储备林建设的责任感、紧迫感。开展国家储备林建设是推进生态文明建设的基本制度，是保障国家木材战略安全的基础工程，是推进察布查尔县现代林业产业示范区的重要抓手。以实际行动践行习近平总书记生态文明思想，牢固树立"绿水青山就是金山银山"的理念，为建设新时代中国特色社会主义壮美"西部塞罕坝"提供强有力的支撑。

（一）探索创新储备林林场建设

率先探索出"政府主导＋混合所有制林场"，采用整县推进模式，整合县域林地资源，利用民营资本，参与林场的建设。积极探索林业项目建设新模式。制定储备林社会化认购方案（试行），在全社会推行认领认购储备林树木，引导更多的社会力量和爱心人士参与生态保护行动，以此创造更多的脱贫户护林员就业岗位，从而实现生态环境治理和脱贫攻坚巩固"双提升"，真正把察布查尔打造成"储备林项目的示范区"和"脱贫攻坚的样板区"。通过项目完成"大场带小场""以县带乡""国有带民营"等方式，努力扩大国家储备林项目建设规模。

（二）创新储备林项目金融合作

规范融资项目管理，强化金融产品创新，大力推行"林权抵押＋政府增信"、林业 PPP、"龙头企业＋基地＋林业合作社＋林农"等可复制、可推广的融资模式。借鉴重庆、贵州等省市经验，用好自治区级和市级担保公司，创新融资体制机制，优化信贷模式，简化审批手续，提高放款效率。

（三）创新储备林项目与乡村振兴相结合

加快制定察布查尔县国家储备林管理办法，规范承储主体权利义务关系，推行契约管理。带动贫困人口增收，在项目建设方案和科研报告中明确还款路径和收益分配机制，落实精准扶贫措施，确保脱贫人口及林农有长期稳定收入。

（四）创新储备林经营模式

一赢变多赢，创新储备林经营模式，大力建设储备林种植基地，延伸发展储备林加工产业，同时通过林地流转、林木收储、林地入股等模式整合周边国家储备林资源，打造出4A级"乡村储备林旅游示范区"，进一步升级建设"林养游"，为周边群众提供更多的就业岗位，实现经济、社会和生态效益"三丰收"。依托国家储备林建设的生态优势，发展储备林＋林下经济、储备林＋森林康养、储备林＋生态旅游、储备林＋林业特色产业、储备林＋乡村建设等"国储林＋N"模式。

供稿：中国石油天然气股份有限公司独山子石化分公司

拓展特色产业 让红花开得更艳

——中国石油天然气股份有限公司独山子石化分公司帮扶案例

　　2016—2018年，中国石油先后投入990万元在察布查尔县实施产业扶贫项目——援建红花产业园，通过新建钢构加工厂房、砖混结构仓库、化验室、红花分拣仓储库房及农田水利防渗渠、基础设施配套项目，把察布查尔县打造成为红花分拣、生产、储存和精深加工中心，园区于2017年9月8日正式投产，产业园的投运不仅拓展了当地红花产业链，改善了贫困户种植红花的条件，提高了农户种植红花的积极性，增加了红花产量，推动了当地红花产业发展，也彻底结束了长期困扰当地山区乡村百姓的红花籽销售难、富余劳动力就业难等突出问题。

一、项目背景

　　中国石油定点扶贫县察布查尔县是国家级贫困县，该县位于中国新疆伊犁哈萨克自治州，地处伊犁河以南、天山支脉乌孙山北麓,与伊犁州首府伊宁市隔河相望,西接可克达拉市及哈萨克斯坦。察布查尔县成立于1954年,是中国唯一以锡伯族为主体的多民族聚居的自治县。全县总面积4 485平方千米,人口19.52万人,由锡伯族、维吾尔族、哈萨克族、汉族等25个民族组成,少数民族占67.52%。该县地处亚欧大陆中心,属大陆性北温带温和干旱气候,热量丰富,光照充足,四季分明。全年有效光照时数2 846小时,无霜期177天,年均降水量222毫米,适宜种植多类农作物,是发展绿色有机食品原料的天然之所,也是全疆优质粮、油及特色农业基地。大米、红花和蔬菜是察布查尔县三大支柱产业,特别是红花作为耐旱、种植简单、收益高的经济作物,深受当地百姓青睐,全县种植面积达13万亩,多年来已成为当地农户,尤其是贫困户赖以生存的主要收入来源。2016年起,为进一步加大扶贫帮困力度,坚决打赢脱贫攻坚战,针对该县优质红花产业链单一、原料收购价格低、产品销路窄的情况,中国石油与独山子石化公司先后对察布查尔县红花产业开展专项调研论证。

二、主要做法

一是建立健全生产销售体制机制。2017年1月,为了保证红花产业园项目当年顺利建成投入运行,实现产业扶贫帮扶成效。察布查尔县政府通过招商引资、择优遴选的方式,与当地民营企业伊犁雅其娜农业发展有限公司签订了红花深加工生产合作意向书,该公司自2017年9月8日入住产业园区至今,全面致力于红花产业的深加工发展,累计投资近千万元用于红花分拣加工和包装储存设备购置、生产辅料采购、产品宣传和市场开拓。

二是拓展深挖红花产业链上下游。红花产业园的投运改变了当地红花产业链单一、产品结构简单的现状,对当地红花产业上下游产业链衔接起到了承上启下的作用,对红花产业进一步拓展有着深远的意义。一方面红花产业可持续发展要以产业链上游为根本,通过种植、采收、用工、土地有机认证等方面,深挖产业链上游发展潜力。另一方面红花产业可持续发展要以产业链下游为基础,通过优化产品结构、开发新产品、拓展新思路等方式进一步延伸产业链下游发展广度。2018年,伊犁雅其娜农业发展有限公司成功申报新疆扶贫龙头企业、伊犁农业产业化重点龙头企业,享受政府给企业发展提供的优惠政策,为拓展红花产业链奠定了坚实的基础。2018年"雅其娜"牌红花籽油产品获得"第十八届中国高端食用油产业博览会金奖",市场前景可观。经过2年多的生产经营管理,结合不同层面消费人群及客户需求,不断优化产品结构,通过细分产品档次、改进包装方式等措施的落实,进一步打开了更多层面的销售渠道。同时，结合红花生长特性，探索丰富下游产品种类，积极深挖红花系列产品效益增长点。2019年9月，伊犁雅其娜农业发展有限公司与"北京同仁堂健康有机产业（海南）有限公司"签定长期红花丝购销协议，并在当地开展认定北京同仁堂有机中草药药源基地，当地百姓优质红花丝低价出售的历史正在结束。

三是拓宽销售渠道助力消费扶贫。加大消费扶贫力度，拓展消费扶贫广度是巩固脱贫攻坚成果的必要手段。2018年，中央、自治区及集团公司大力倡导开展消费扶贫，当年"雅其娜有机红花籽油"线上入驻"京东雅其娜官方旗舰店"和淘宝商城"佳七有约"，线下入驻中石油非油品销售体系，线上线下销售渠道实现了同步开启。2019年、2020年、2021年中国石油在北京、乌鲁木齐、成都组织定点扶贫及对口支援地区特色农产品推荐会，产品推荐成效显著，伊犁雅其娜农业发展有限公司自消费扶贫业务开展以来，已累计服务中国石油总部及地区公司、克拉玛依、乌鲁木齐、北京、吉林、厦门等疆内外企事业单位60余家，仅独山子石化公司就已连续3年，多次采购红花籽油作为职工节日慰问品，采购金额达500多万元，产品得到了广大职工的一致好评。2019年12月初，伊犁雅其娜农业发展有限公司入驻国家"贫困地区农副产品网络销售平台"。2020年3月其牵头成立"新疆中小微企业乌鲁木齐产业推广中心"，并被推荐成为"全国消费扶贫示范单位"，该中心以民营企业为主体，社会影响面大，扶贫产品在售种类多、销售额大、带贫效果明显，是民营企业参与扶贫工作，创新消费扶贫的典范，对推进消费扶贫具有积极意义。自中心运营以来，已为新疆众多预算单位、各地央企、各地国企提供平台服务，推荐"雅其娜"牌红花籽油、亚麻籽油和葵花籽油等众多特色农产品，对新疆贫困地区农副产品销售做出了很大贡献，受到各地州农业农村部门、扶贫办和各中小微企业好评。同时，伊犁雅其娜农业发展有限公司以自身管理经验为基础，本着"消费扶贫，产业扶贫，文化扶贫，三产三化助力新疆扶贫"的主导思想，提出"贫困地区涉农中小微企业上行辅导计划"，多方调动农业专家、农产品生产企业、线上平台、供应链企业等各方社会资源组成专家团队，通过新疆扶贫办对接各贫困县，针对各县现有滞销产品，依据国家相关政策顺应终端需求，借助线上线下销售平台，以最快的速度，最便捷的方式，对接相关需求的企事业单位，通过特通渠道，解决了部分滞销产品销售的难题。

三、主要成效

2017—2021年，在察布查尔县政府大力支持下，伊犁雅其娜农业发展有限公司每年以每千克高出市场价10%的价格，累计收购当地红花籽8 000吨，直接惠及当地800户贫困家庭、2 000多名群众，每户年均增收2 000元，同时每年带动当地20～35名贫困户就近就地稳定就业，实现人均增收1.2万元/年，带贫益贫成绩突出。2018年完成察布查尔县7 000亩有机红花认证，捐款10万元成立脱贫攻坚红花产业基金，为20户贫困户每户提供产业扶持资金。2018年、2020年分别为贫困户提供1 000千克红花良种，受益农户达到110户，为每户节约生产成本400元。2020年、2021年股份制合作社稳定运行，累计为当地贫困户分红50多万元。

四、创新点、创新意义

中国石油援建的察布查尔县红花产业园项目，在中国石油总部及地区公司的大力支持、当地县委县政府的鼎力相助、伊犁雅其娜农业发展有限公司精心运营下，项目脱贫攻坚成效显著，项目的实施不仅是中国石油产业扶贫的典范，也是产业扶贫与消费扶贫无缝衔接的成功示范，真正做到了产业扶贫奠消费扶贫基础，消费扶贫助产业扶贫增效，更是充分展示了不同扶贫方式相融合带来的扶贫成效最大化，让当地贫困户、贫困地区多渠道、多方位、多形式享受到扶贫带来的红利与福利。

供稿：中国石油天然气股份有限公司独山子石化分公司

巴里坤县良种牛羊繁育富民项目
——中国石油天然气股份有限公司吐哈油田分公司帮扶案例

巴里坤县地处新疆东天山北坡高寒湿地的巴里坤草原，生长着无数的野生珍宝，养殖业是该县的主要产业之一。巴里坤健坤牧业有限公司牛羊养殖基地就处在这个草场富饶、自然环境优美、无污染的地界，盛产优质牛羊肉。

自1996年定点帮扶巴里坤县以来，吐哈油田公司在集团公司的坚强领导下，积极履行央企政治责任和社会责任。实施石油希望小学、石油新村、扶贫就业市场、乡村振兴示范村建设等65个项目，涵盖教育提升、医疗改善、民生工程、产业发展等领域。中国石油定点帮扶和对口支援工作，为巴里坤县打赢脱贫攻坚战，全面推进新时代乡村振兴，实现社会稳定和长治久安总目标，发挥了重要的推动和促进作用。

2021年中国石油对巴里坤县良种牛羊繁育项目总投

入1 100万元,由巴里坤县农业农村局牵头组织,巴里坤健坤牧业有限公司具体实施。帮助巴里坤县引进西门塔尔肉乳兼用母牛320头、湖羊母羊1 000只,并改扩建养殖基地现有的牛圈,购进锅炉、撒料车、奶罐、检验设备。并根据现实情况对挤奶设备进行维修维护,实现配套设施的换代升级。自项目投资建设以来,充分带动当地农牧民牛羊养殖品种改良,并为当地贫困户提供就业岗位30个,每年可为村集体经济增收12万元,人均增收36 000元,同时间接带动当地50家合作社及养殖大户发展肉羊养殖业。良种牛羊繁育推广项目符合国家财政部支持现代农业产业发展建设的总体方针、新疆畜牧业"十四五"发展规划方向,顺应巴里坤县壮大畜牧业的发展需求,是发展巴里坤县传统农业向集约化、专业化、产业化、现代化转型升级的关键环节。

一、项目实施背景

近年来,巴里坤县畜牧业发展迅速,但是要实现突破式和跨越式发展,还存在多种问题亟待解决。巴里坤健坤牧业有限公司提出优质多胎肉羊湖羊繁育推广项目,旨在立足本地的产业优势和资源优势,推动优质多胎肉羊养殖的持续、健康发展。项目的实施显著提高了优质多胎肉羊养殖业的技术水

平和生产能力,提高产品的市场竞争力,进一步发展壮大养殖业中的优势主导产业,推动农村和农业经济结构的调整,提高畜牧业组织化生产程度和畜牧业产业化水平,增加和提高农民收入,促进畜牧业经济的发展,满足市场需求,稳定物价,维护社会稳定。

白头杜泊羊

二、项目实施的目的

一是有利于为巴里坤县优质多胎肉羊湖羊繁育推广提供示范,促进巴里坤县肉羊养殖业的发展,建立健全多胎肉羊系谱档案,规范开展多胎肉羊生产性能测定,获得完整、准确的生产性能记录,作为品种选育的依据,通过多胎肉羊的持续选育,不断提高生产性能,加快遗传改良进展,促进巴里坤县多胎肉羊的发展。

黑头杜泊羊

二是有利于多胎肉羊繁育推广,提高育种水平,现阶段引进纯种多胎湖羊后,有效地应用现代育种理论和技术,大大扩大育种种群规模,提高多胎肉羊利用率。

三是有利于巴里坤县调整多胎肉羊生产结构,增强多胎肉羊可持续发展能力。传统引种不仅运输困难、价格高、损耗大、引种不便,更重要的是存在疾病传播隐患,不利于养羊业健康发展,这与发展健康养殖业相违背。从

长远看，要真正实现巴里坤县养羊业的健康发展，提高巴里坤县多胎肉羊质量，提高多胎肉羊的育种水平和供种能力是根本出路。本项目实施将进一步扩大繁育优良多胎肉羊，摆脱"引种—退化—再引种"的被动局面，逐步改变种羊长期外购的格局，提高种羊自给率，确保多胎肉羊生产平稳发展所需的种源基础，同时减少引种带来的羊疫病传播隐患，降低动物防疫对巴里坤县羊产业持续平稳发展造成的危害，增强巴里坤县养羊业的可持续发展能力，提升巴里坤县养羊业的综合竞争力，促进农业增效、农民增收。

四是有利于提高巴里坤县多胎肉羊生产水平，增强市场竞争力。目前巴里坤县规模较大、专业化水平较高的多胎肉羊养殖企业（合作社）极少，本项目实施将明显改善全县多胎肉羊育种条件，增强配套系新品种的培育能力，促使优质肉羊得到推广，大大提高了肉羊育种生产水平。要提高多胎肉羊的竞争力，促进其持续健康发展，就应该不断提高肉羊育种生产水平和羊肉质量，而提高羊肉质量的关键因素是提高种羊质量。因此，建设高质量的多胎肉羊良种育种场，提高种羊质量，将对巴里坤县养羊业可持续发展起到积极的推动作用。将为巴里坤县养殖基地提供优质种羊，提高良种普及率和肉羊生产水平，满足不断增长的羊肉消费需求。

五是有利于企业自身的发展，促进农民增收。项目实施过程中，巴里坤健坤牧业有限公司（简称健坤牧业）根据巴里坤县畜牧主管部门的要求对不同月龄的多胎肉羊进行销售推广，按照巴里坤县畜牧主管部门的组织规划进行项目的具体实施，组织专门的团队进行养殖管理、繁育，并承担了养殖过程中存在的风险，因此，巴里坤健坤牧业有限公司对所繁育的多胎肉羊，向巴里坤县域内农牧民提供多胎肉羊，通过企业＋合作社带农户的运行模式，带动当地养殖户发展肉羊养殖业，走向标准化、规模化养殖模式，带动当地农牧民增收。

项目的实施有利于改善养殖基地羊育种的生产设施和育种条件，提高育种生产技术，提高生产效率，使企业提升综合实力，进而提高企业的生产效益，促进农民增收。

三、项目实施成效

该项目引进的优质多胎肉羊湖羊1 000多只，利用健坤牧业现有种羊场进行纯种繁育、杂交改良，实施人工授精技术，利用龙头企业＋合作社带农户的经营模式，为养殖户提供良种畜进行品种改良，带动发展养殖提质增效，2022年，1 000只生产母羊产羔羊2 000只，其中857只鉴定为后备种母羊、500只鉴定为后备种公羊，向农户推广了湖羊种公羊3只、湖羊母羊184只。2023年组建核心群湖羊母羊2 000只，产羔羊3 800只，其中1 368只鉴定为后备种母羊，1 006只鉴定为后备种公羊，向28户农户推广湖羊母羊364只。多胎肉羊推广明显改善全县多胎肉羊改良进程、带动当地35家合作社及养殖大户发展肉羊养殖业，并发挥示范引领作用，企业新增劳动力就业10人以上。

西门塔尔纯种母牛

这些年来，在中国石油的帮助下，健坤牧业推出的"蒲类草原"牌生鲜分割牛羊肉、风干肉、卤牛肉等产品，通过"昆仑好客"平台走上了全疆、四川、北京等地石油人的餐桌。

健坤牧业的牛羊终年享受着自然草原的赏赐，被称为肉中珍品。当地流传着这样一句顺口溜："巴里坤的牛羊喝的是矿泉水，吃的是中草药，肉鲜味

冷藏库

生产加工车间

道好",与其他地方的牛羊肉相比,巴里坤的牛羊具有肉质细嫩,口感好,膻味小,香味和鲜味浓郁的特点,营养丰富,蛋白质含量高,脂肪含量适中,有利于人体健康,备受消费者的青睐。

供稿:中国石油天然气股份有限公司吐哈油田分公司

以绿色低碳为抓手，赋能美丽乡村发展

——中国石油天然气股份有限公司塔里木油田分公司帮扶案例

团结村隶属新疆维吾尔自治区伊犁哈萨克自治州尼勒克县科克浩特浩尔蒙古民族乡，地处新疆北部，伊犁河谷东北腹地，科蒙乡政府以东 3 千米处，距县城 13 千米。属中大陆性半干旱气候，极端最高温度 37℃，极端最低温度 -30℃，冬季漫长，冰冻期可达 5~6 个月。辖区总面积 5.12 平方千米，全村户籍人口 390 户 1 215 人，其中建档立卡贫困户 178 户 640 人，居民以汉、回、蒙、藏等 9 个民族为主。2021 年全村生产总值 2 200 万元，人均可支配收入达 1.89 万元。先后荣获自治区级"精神文明村"、"访惠聚"先进集体、"平安村队"等荣誉称号。

团结村在脱贫后，人居环境还存在不少短板：一是全村卫生厕所普及率低，农户基本为旱厕。二是生活污水治理基础薄弱，缺乏有效的生活污水处理设施，生活污水基本直接排放。三是垃圾收集转运系统未健全。团结村生活第二，推进生活污水治理。示范点采用集中收集与分散处理相结合的模式，对管网铺设技术条件好、易于实现的地区进行集中收集处理，对于居住分散的农户，根据其排放要求和技术条件，单独修建户用型的污水处理设施或简易化粪池。

单户污水处理设施一：选用"厌氧—太阳能微曝＋人工湿地"工艺，考虑当地冬季气温低的实际情况，采用浅埋保温方式，并结合可再生多能源以及低碳型生活污水资源化技术，遵循冬稳定夏保高效的运行原则，治理散户的生活污水。

单户污水处理设施二：选用"厌氧—太阳能微曝＋滤池"工艺，为抵御冬季低温，采用深埋防冻方式，并结合可再生多能源技术以及低碳型生活污水资源化技术，遵循冬稳定夏保高效的运行原则，治理散户的生活污水。

第三，健全生活垃圾收运处置体系。团结村每户农户配置一个垃圾收集桶（非有机易腐垃圾），村配备一名保洁员，每天使用压缩垃圾车清运垃圾一次，运送至就近垃圾处理场处理，保证完善流畅的垃圾清运流程；然后重点探索有机易腐垃圾的源头分类减量、减少垃圾出村量的处理模式，通过把剩余有机易腐垃圾转运至户用或村集中垃圾处理示范点，采用分散与集中处理相结合的方式，进行就近就地好氧堆肥或厌氧发酵综合利用，助推全村生活垃圾"减量化、无害化、资源化"处理。

第四，村容村貌整体提升，通过美化、亮化、绿化等方式打造美丽低碳乡村。其一，团结村整村太阳能路灯的使用，减少了传统能源的使用，显著降低了碳排放，为团结村节能减排做出了贡献；其二，团结村道路旁大量绿化，可作为重要的碳库。

2. 建设沼气工程，推动可再生能源替代

将畜禽粪污及餐厨垃圾进行绿色低碳处理，既是"低碳乡村"建设的重要内容，也是改善农村人居环境的重要举措。结合团结村的实际情况，建设沼气工程处理畜禽粪污及餐厨垃圾。第一，根据"源头分类减量、就近就地处理"原则，对农户的畜禽粪污和餐厨垃圾采用户用沼气池发酵处理，收集户用沼气池产生的沼气，满足农户燃气需求。第二，以"源头减量、过程控制、末端利用"为治理路径，收集农户畜禽粪污和餐厨垃圾，在养殖场建设高质量农村沼气综合利用工程，处理畜禽粪污和餐厨垃圾，生产的沼气满足养殖场燃气需求，实现畜禽粪污和餐厨垃圾的低碳化处理。

3. 推广沼渣、沼液还田，促进农田减排固碳

团结村是农牧结合区，发展绿色种养循环农业既可以消纳沼气工程所

产生的沼渣、沼液，又可以降低化肥施用量，还可以增加土壤有机碳储量，达到增加土壤碳汇的效果。因此，在团结村建设中推广示范沼渣、沼液还田是必要的。

4. 发展好氧堆肥工程，推进有机肥替代化肥

绿色种养循环农业已经成为推动乡村振兴的重要引擎。团结村围绕畜禽粪污肥料化综

养殖场沼气工程项目

合利用，构建了"畜禽粪污—好氧堆肥—果（菜）"的技术模式。通过应用畜禽粪污高温好氧堆肥技术，以及配套设施农业生产技术、畜禽标准化生态养殖技术、特色蔬果种植技术，实现了畜禽粪污的资源化利用。这一模式不仅有效解决了畜禽粪污处理难题，还促进了农业面源污染的治理，实现了经济效益与生态效益的双赢，推动农业向低碳、环保、可持续的方向发展。

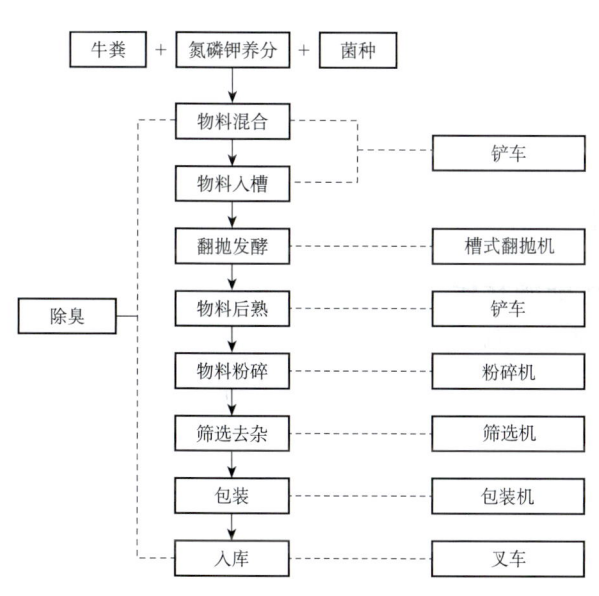 

好氧堆肥工艺流程图和实物图

5. 打造"零碳小院"，发展低碳生活

在前期人居环境整治的基础上，本项目通过对非集中养殖的畜禽粪污进

行有效处理，处理后还田，实现绿色低碳种养循环；对院落进行合理规划，功能分区，主要分为养殖区、种植区、生活区、休闲区，实现人畜分离；对农户生活用能进行煤改电替代；对农户庭院进行绿化种植，吸收碳汇；开展堆肥、减碳等相关知识的宣传培训，打造"零碳小院"，发展低碳生活。

零碳小院实际图、煤改电图

（三）各方密切合作，高效实施项目建设

在项目实施过程中，社会多方形成了一个清晰的组织结构，明确自己的

定位和职责，确保项目之间的协调和合作，使项目高效开展。中国石油作为资金提供方，不直接参与进程管理，委托中国乡村发展基金会进行全项目统筹管理，因此建立了以基金会为纽带的沟通监管和实施机制。具体实施过程中，基金会与尼勒克县政府协商成立领导小组，搭建了县政府—相关部门—乡镇政府—村委会的项目管理体系、基金会—科研院所—实施地政府的三方协调工作机制，统筹各相关单位，形成合力，推进项目顺利完成。

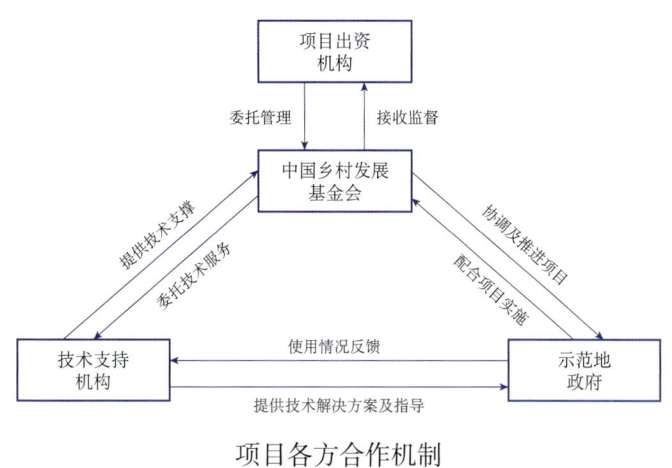

项目各方合作机制

二、建设成效

通过实施"低碳乡村"建设，团结村人居环境显著改善。团结村厕所革命工作扎实推进，无害化卫生厕所普及率达100%；农村生活污水处理率达100%；农村生活垃圾分类及收集转运体系建立健全，垃圾收集处理率达100%，生活垃圾基本实现无害化、低碳化处理；农户粪污处理设施配套完善，粪污基本实现沼气化、肥料化利用；村容村貌得到大幅度提升。

通过项目的有效实施，"低碳乡村"建设也获得了较大的生态效益，有效降低了村域内温室气体排放，可减少14 383吨CO_2当量/年，有效增加土壤碳汇800吨CO_2当量/年，降低化肥氮素投入23吨/年，加快了团结村内固碳减排，推进了团结村内碳达峰、碳中和。

三、简要结论

团结村在低碳目标下乡村振兴规划的思路和方法可以总结如下：一是掌握事实。通过深入调研，了解团结村目前的碳排放特征和乡村现状，建立排放清单。二是制定策略。针对团结村当地具体情况及发展需求，制定了"一减二代三抵"（即减少、替代、抵消化石能源消耗）的节能减排思路，首先通过农村生活污水、厕所、垃圾、畜禽粪污的有效处理和绿色有机肥还田减少碳排放；其次建设使用沼气能、电能等清洁能源替代传统能源，实现村内低碳清洁能源供应；最后通过扩大植树面积、庭院绿化等措施碳汇，让乡村的碳排放相互抵消。三是精准行动。在已有整村策略的指导下，"一户一策"制定低碳村建设实施方案，并由政府、村民、企业和专业组织互相配合推进低碳乡村的建设。

供稿：中国石油天然气股份有限公司塔里木油田分公司

助力羽绒产业强链补链
推进地方特色产业发展

——中国石油天然气股份有限公司河南销售分公司帮扶案例

巩固拓展脱贫攻坚成果同乡村振兴有效衔接的关键是靠产业作为支撑，通过产业发展实现脱贫不返贫，乡村振兴可持续。台前县是中国石油定点帮扶县，自2007年开展定点帮扶以来，至今已坚持了17年，投入帮扶资金上亿元，助力台前县2020年如期实现脱贫摘帽。中国石油在做好民生项目帮扶的同时，及时调整帮扶方向，将产业帮扶作为定点帮扶的重点。通过实施一批乡村旅游、设施农业、石油化工等产业，提高地方"造血"功能，助力地方经济发展。特别是2024年援建的台前县羽绒服装产业园—国家级羽绒质检中心项目，进一步整合地方资源，推动地方产业发展。

一、项目实施背景

羽绒产业为台前县域经济发展、乡村全面振兴注入了强大动力,直接带动4万人就业(涉及3万个家庭),间接带动12万劳动力就业,约占全县总人口的1/3。依托羽绒产业,2020年,台前县作为首批国家级贫困县、河南省四个深度贫困县之一,实现高质量脱贫摘帽。近年来,中国石油作为国务院确定的台前县定点帮扶单位,积极履行政治责任和社会责任,全力融入当地羽绒产业高质量发展之中,积极推动台前羽绒产业延链补链强链,趟出了一条全新的羽绒产业发展新路径。助力台前县积极对接产业发展的上下游,先后培育招引了新塘羽绒、柳桥羽绒、鹏达羽绒、可祺服饰等一批重点龙头企业,并且与新希望六和集团合作建设肉鸭养殖、屠宰基地,形成了集鸭鹅孵化、养殖、屠宰,羽绒水洗分拣,制品深加工为一体的全链条产业发展体系,实现了从无到有、从小到大、由弱变强的蝶变升级。

(一)发展历程

台前县羽绒产业经过50多年发展,羽绒从业者已从小商贩变为经纪人,从经营粗加工小作坊升级为投资建设现代化企业。目前台前县年深加工羽绒原料能力15万~20万吨,羽绒销售量1.5万~2万吨,年加工羽绒服装及羽毛工艺制品能力达3 500万件(套),已实现从购销羽毛到分拣粗加工、从精洗羽绒到制品深加工、由弱变强的转变升级,产业链条逐步完善,具备较大的产业规模和较高产业集聚度。目前,全县拥有羽绒及服饰加工企业190余家,其中规上企业41家,年深加工羽绒原料能力16万吨,占全国产量的1/3,年加工羽绒服装及羽毛工艺制品达3 500万件(套),从业人员3万余人,已成为全国知名的羽绒生产加工基地。台前县也因此先后被命名为"中国羽绒之乡""国家外贸转型升级专业示范基地""中国优质羽绒基地""全国优秀羽绒产业集群""省级出口羽绒质量安全示范区",享有"世界羽绒看中国,优质羽绒在台前"的美誉。

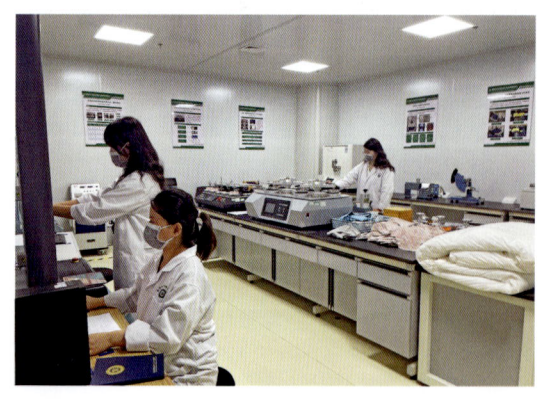

工作人员开展羽绒检测

(二)资源优势

台前县紧邻临沂、潍坊等山东主要鹅鸭养殖区域,是长江以北最大的羽绒羽毛集散地，资源优势明显，台前羽绒制品生产加工企业众多，但规模水平参差不齐，多为原材料加工，产品附加值较低，直接影响到该产业的良性发展。提高产品质量，扩大企业规模，延长产业链条，是羽绒羽毛产品行业持续发展的必然选择。

（三）项目需求

建设羽绒服装产业园产业强链补链项目有助于台前羽绒服装产业园延链补链强链和转型升级，打造产业集群，带动河南省及周边省份羽绒产业发展。若要实现这一工作目标，必须在产业转型、产品质量提升上做文章，所以台前县羽绒服装产业园进一步完善产业链，进行延链补链十分必要。

羽绒检测中心大楼

二、项目情况

为推动《河南省人民政府关于支持台前县域经济高质量发展的意见》具体支持事项落实落地，中国石油作为台前县定点帮扶单位，依托台前县现有的羽绒资源优势，进一步整合地方资源，推动地方产业发展。

（一）产学研结合优选帮扶项目

结合当地发展需求，2024年中国石油投入1 000万元援建台前县羽绒服装产业园—国家级羽绒质检中心项目。同时，重点支持国家级羽绒质检中心建设，为诸多羽绒企业提供检验检测、科研创新、标准研制、技术服务、人才培养、技术攻关等方面的技术支撑。通过不懈努力，7月17日，经国家市场监督管理总局批复，河南省羽绒羽毛产品质量监督检验中心（台前县）终于升级为"国家棉花羽绒及纺织服装产品质量检验检测中心"，不仅能有力促进台前县现有企业提档升级、提升品质，还将吸引国内外羽绒行业龙头和知名企业竞相落户台前，助力台前县域经济高质量发展和乡村全面振兴。

（二）高标准建设产业发展项目

台前县羽绒服装产业园—羽绒产业强链补链建设项目中的国家级羽绒质检中心平台（国家棉花羽绒及纺织服装产品质量检验检测中心），由台前县人民政府与河南省纤维纺织产品质量监测检验研究院（以下简称河南省纤纺院）合作创建，于2024年7月经国家市场监督管理总局正式批准成立，实验室设郑州和台前两个场所。台前实验室由河南省纤纺院一体化运作，双方共同管理，总建筑面积4 278.7平方米，其中恒温恒湿实验室面积380平方米，主要开展羽绒及制品委托检验、监督检验、仲裁检验、羽绒材料基础研究、羽绒制品研发、标准制修订、认证与标准化服务、技术培训、打造高端羽绒品牌认证等业务。该实验室对标国内一流国家质检中心技术团队和仪器设备配置标准，设有羽绒成分分析、羽绒理化分析、羽绒蓬松度、胶水绒、功能性羽绒、气相质谱、液相质谱、服装面料性能、色牢度、纤维分析等实验室。

三、帮扶成效

项目以打造"一实验室三平台"（国内一流、国际互认的实验室，全国最权威的国家羽绒产品检验检测服务平台、标准技术创新平台和产品研发科研平台）为目标，充分发挥科研、人才和技术等优势，是支撑产业发展、助力产业改造升级、进一步实现巩固拓展脱贫攻坚成果同乡村振兴有效衔接、大力发展循环经济、落实"双碳"国家战略、加快产业转型升级、促进产业集聚和县域经济高质量发展的需要。

（一）直接带动地方经济发展

项目可直接带来羽绒及羽绒制品质检委托检验、羽绒交易中心检测和省监督抽查检验收入等经济效益每年200万元以上。可间接通过制定标准化质量要求，提升产业生产技术，提高产品性能和附加值，进而提升产业链水平，带动产业效能；可通过完善产业链，为企业提供技术服务，节约企业运行成本，每年可为羽绒制品及相关服务企业增加收入0.5亿元以上，可直接带动就业2 000人以上，间接带动相关产业就业5 000人以上。

（二）提升羽绒产业品牌影响力

河南省羽绒羽毛产品质量监督检验中心（台前县）于2024年7月升级为国家棉花羽绒及纺织服装产品质量检验检测中心，这是国内继浙江萧山、四川成都和江西共青城之后的第四家国家级羽绒检测中心,将为省内外乃至全国羽绒产业高质量发展提供高品质服务。中心将对县内企业免费检验检测,每年不仅能节省几十万元到外地检验检测花费,还能吸引更多的外地企业来台前发展,将进一步推动台前羽绒产业集群转型升级,擦亮"中国羽绒之乡"台前名片。羽绒服装产业园将进一步整合台前羽绒产业,形成支柱产业合力,促进羽绒产业链的延伸和发展,提升在行业内的品牌影响力。

四、下一步举措

按照乡村振兴战略,依托台前县现有羽绒产业资源优势,结合羽绒服装产业园现有产业基础,一方面依托中石油遍布全国的加油站,设立专区专柜,结合"直播带货"等线上销售渠道助力宣传和拉动台前县"白天鹅"羽绒制品销售,进一步帮扶台前县增强造血功能;另一方面因地制宜从助推产业振兴建设关键环节进行帮扶,按照提升产业发展能级的思路,通过进一步延链补链,实现羽绒产业全链条协同发展,打造一条特色高质量产业发展之路。

中国石油将继续扎根定点帮扶的台前县,发挥自身优势,聚焦产业振兴,创新帮扶路径,与台前县开展深度协作,围绕打造全球最大的优质羽绒集散基地、中国最大的羽绒制品加工生产基地、国际羽绒交易中心"两基地一中心"的发展定位,瞄准"到2025年羽绒及服饰加工产业主营业务收入达到

羽绒检测中心大厅

100亿元以上"的发展目标,帮助台前县加快培育和发展新质生产力,推动台前县羽绒产业突破"天花板"、实现"大跃升",进一步筑牢县域经济高质量发展的产业根基,坚决把台前老区的事情办好!

供稿:中国石油天然气股份有限公司河南销售分公司

筑巢引凤"金味"来 产业振兴就业宽
——中国石油天然气股份有限公司河南销售分公司帮扶案例

河南驻马店市西平金味农业科技有限公司的速冻水饺加工项目,是中国石油河南销售分公司驻村工作队依托西平县重渠乡丁寨村扶贫生产车间引进的,一期投资400万元,2022年4月29日试生产,5月18日正式开业,带动20人就业,年产值能达到500万元。车间租金每年增加村集体经济收入3万元,带动脱贫户4人就业,每人每月收入1 800～3 000元,每年增加家庭经济收入2.1万～3.6万元。

一、项目背景

丁寨村是2016年脱贫村。为支持乡村产业发展,由县政府财政出资,为丁寨村(贫困村)建设500平方米扶贫车间一座,利用扶贫车间引进企业,带动乡村产业发展及助力脱贫攻坚。该车间于2018年11月建成,2019年

3月率先引进了新疆干果加工项目,并注册了西平县大漠老农果品厂,投资130余万元,带动15人并吸纳贫困户3人就业,主要生产经营:葡萄干、枣夹核桃、骏枣、纸皮核桃等食品,受疫情影响于2020年5月退出。2020年9月第二次引进溢丰针织有限公司,主要用于机械毛衣加工,由于该项目用工偏向于年轻化、技术类人才,用工方长期招不到工人,达不到带贫要求而于2021年4月退出。为充分有效利用扶贫车间,不让车间闲置,根据前两次的经验教训,结合丁寨村实际情况,寻求符合农村剩余劳动力生产能力,对巩固脱贫攻坚成果具有长远发展投资的项目,围绕这一类型企业,于2021年6月第三次成功引进西平金味农业科技有限公司,2022年4月29日试生产,5月18日正式投运。

二、主要做法

(一)找准定位,确保项目引得进

丁寨村是一个以农耕为主业,特色资源匮乏,人均耕地只有0.8亩,是一个典型劳务输出村,青壮劳力多半外出务工,村内留守以老人、妇女、儿童为主。依托农产品加工,选择符合农村剩余劳动力生产能力,对巩固脱贫攻坚成果有效衔接乡村振兴具有长远发展投资的项目,这一定位,充分发挥村两委、驻村工作队和帮扶单位后盾作用,利用人脉资源,多方联系、多渠道获取信息。村两委及驻村工作队深入周边县区农产品加工现有企业,进行实地考察,多方奔走。有的企业门槛高、有的噪声大、有的存在废水和废气等环境污染等多因素制约,一时间找不到合适的企业。邻村武海村的有志青年,有意利用现有车间投资食品加工项目,在双方不断接触下,以最大诚意,本着为建设家乡、助力巩固脱贫成果推进乡村振兴的目标,成功引进西平金味农业科技有限公司速冻食品加工项目。

(二)搞好服务,确保项目留得住

一是做好厂房施工改造服务。扶贫车间与村内民房民宅相邻,车间及院落改造前期,由村委召集邻近村民与企业负责人召开协调会,在村委协调下,双方对车间改造方案达成一致意见,征得群众满意,为企业后期顺利改造打下良好基础。二是做好证件办理服务。村两委、驻村工作队、丁寨村及帮扶单位充分利用各自资源,为企业提供一切所需的证明,主动协调推进食品安全许可证的办理。根据项目及车间后期发展,又注册了众达种养殖专业合作社,该合作社涵盖了农机服务、种植、养殖、蔬菜加工等多种经营项目,为下一步适合乡村产业发展的所有农产品项目布好局。三是做好车间电力保障服务。现有丁寨村居民用电变压器为200无功千伏安（kvar），车间电负荷达到275千瓦时，其中照明用电10千瓦时，设施设备用电200千瓦时、冷库用电65千瓦时，远远满足不了设备调试以及后期生产需要。要通过正常流程申请更换或新设变压器需要数月之久，为了保障车间用电，使车间早日运营，驻村书记和支部书记第一时间跑到乡党委书记办公室当面汇报，又到县电网公司、县政府，通过多方沟通协调，第二天国家电网公司，抽调专业人员就为丁寨村更换了一台400无功千伏安（kvar）的变压器，满足了扶贫车间及村民的生产生活用电。

产业车间

速冻水饺生产车间

三、主要成效

一是投资上规模。西平金味农业科技有限公司是一家食品加工生产企业，产品以速冻水饺为主，菜角、菜盒、包子、粽子等本地畅销食品为辅。企业一期投资400万元，带动20人就业，年产值500万元。车间租金每年增加村集体经济收入3万元，带动脱贫户4人就业，每人每月收入1 800~3 000元，每年增加家庭经济收入2.1万~3.6万元。二是带动灵活就业。该企业设置有水饺和菜角两条自动加工生产线及手工坊，在卫生、洗消、包装、搬运等方面都需要大量用工，符合农村剩余劳动力生产能力。另外，对脱贫户中有下肢残疾或行动不便的人群，通过健康体检没有传染类疾病，取得健康证，上肢没有活动障碍，均可安排到手工坊工位上，体现劳动价值，增加家庭经济收入。三是产业发展前景广阔。利用农村土地和剩余劳动力等资源，为进一步壮大企业发展，围绕车间注册了西平金味农业科技有限公司和众达种养殖专业合作社等两个经营实体，计划利用3~5年时间，从单一的食品加工，投资完成400平方米冷藏库一座和500亩的规范化蔬菜种植基地。

四、经验启示

（一）产业要适合在乡村扎根

以农产品加工的项目，适合于在农村发展。农村可以看作是城市"厨房"、是"菜篮子"、是物质资源保障的"大后方"。紧紧围绕农村土地、剩余劳动力等资源，积极调整农业产业结构，鼓励和支持农村特色产业种植，进一步完善农村农业基础设施建设。建设冷藏库作为车间配套及农产品储藏，蔬菜种植基地为车间食品加工生产提供原材料和用于净蔬菜加工。净蔬菜加工是解决城市在蔬菜销售过程中产生的烂叶残羹等垃圾，利用生产线对蔬菜净加工，把烂叶残羹返田当肥利用，生产出来的净蔬菜可直接加工食用，有效堵住城市由蔬菜清洗切分而产生的垃圾。2015年调查数据，以北京为例，北京每年的蔬菜供应量约为770万吨，废物总量达230万吨，提供净菜可以有效减少废物的产生，市场前景广阔。

（二）产业壮大推动乡村发展

随着产业规模不断扩大，在土地流转、用工、物流等产业链下新的农业产业模式会逐渐成熟，改变群众传统种植观念，发展多种业态，就能有效解决农村剩余劳动力就业，拓宽致富渠道。为此，村委会与企业寻求多元化合资、合作等方式，达到合作共赢，增加村集体经济收入。规模化蔬菜种植，不但能绿化美化田间村庄环境，还能有效解决秸秆焚烧、乱堆乱放等存在农村多年的痼疾，以传统农耕为主业产生的"脏、乱、差"等顽疾会彻底发生改变，为丁寨村巩固脱贫攻坚成果与乡村振兴有效衔接奠定产业基础。

供稿：中国石油天然气股份有限公司河南销售分公司

凝心聚力担使命 驻托帮扶促振兴
——中国石油天然气股份有限公司新疆油田分公司帮扶案例

长期以来，新疆油田立足托里县实际，聚焦民生改善，通过产业帮扶、教育帮扶、就业帮扶、消费帮扶、医疗帮扶、党建帮扶等六项帮扶措施，为推动托里县产业、组织、教育、文化和医疗等事业发展提供了有力支撑，以实际行动践行政治担当和社会责任。

一、主要做法

（一）夯实医疗基础设施建设

（1）加快医疗基础设施建设，提升医疗服务保障能力。2022—2024年，新疆油田公司投资3 000万元，新建了托里镇卫生院、库普乡中心卫生院、多拉特卫生院（在建中）三座现代化的卫生院，皆含门诊、住院综合楼、消防设施、污水处理设施、库房、门卫室等单体建筑及院

2023年中石油"一元捐"捐赠仪式

2024年尤迈慈善专家在托里县人民医院

落附属、外网工程等设施。托里镇、多拉特乡、库普乡为托里县人口较多乡镇，三所卫生院服务人口除三乡镇外，还覆盖到托里县直机关干部职工、中小学学生，超过全县总服务人口的60%。新建成的三所卫生院，既符合现行标准设计规范，又增设健全了功能科室和住院部，进一步完善了托里县医疗卫生基础设施，提升了托里县的医疗服务能力，满足了人民群众日益增长的医疗保健需求。

（2）**优质医疗资源下沉，送医下乡暖人心**。新疆油田、尤迈慈善基金会、宝石花医疗队及专业机构选派42名专家在托里县开展义务巡诊，诊疗患者3 300余人次，与相关科室人员进行了深入交流，详细了解工作流程、设备运行情况以及存在的问题，通过实地观察与交流，培训当地乡村医生34人，切实帮助托里县提高了医疗技术水平，满足了当地广大人民群众对优质医疗服务的需求。

（二）持续改善学校办学条件

（1）**全力改善办学条件，为教育教学提供保障**。30年、1 460万元、400多名学生——这一串数字是对中国石油及新疆油田公司援建托里县库普乡石油希望小学的简短概括，它的背后是一个长情且坚定的故事。从原来的"土、破、小"破茧成蝶为"新、美、静"，库普乡石油希望小学因"石油"而焕发出希望与生机，这令每一位亲历者、亲见者为之动情、动容……。早在1995年，中国石油及新疆油田公司就为学校投资70万元，改造校舍、添置桌椅，而从2019年开始，少年宫活动室、多媒体教室、球场、综合楼、室内体育馆、学生浴室、智慧校园，先进的设施、前卫的活动与教育一个接一个走进孩子们的成长空间……一次次投入，一步步建设，一幕幕蜕变见证了新疆油田为库普乡种下的希望破土发芽。

（2）**精准落实学生资助政策，打通"最后一公里"**。"一家亲　百分爱　树形象"捐款助学项目于2017年6月正式启动。此项目号召新疆油田公司每名员工每月捐出一元钱,帮助托里县家境困难的大学生完成学业,虽然只是一元钱,但却凝聚着新疆油田人的百分爱,激励着各族员工手拉手、肩并肩,让阳光照进贫困者的梦想。新疆油田公司将常态化开展"一家亲 百分爱 树形象"公益捐款(石油助学)活动,捐款助学项目既能够点亮一个困境孩子的梦想甚至改变一个家庭的命运,又充分体现新疆油田公司对当地人才培养做出的积极贡献。截至目前,共向125名学生发放助学款395 000元。

多拉特卫生院项目奠基仪式

(3)举办"益师计划",助力乡村教育振兴。2016年以来,新疆油田发

石油科普讲座第六讲现场

起大规模乡村教育振兴帮扶项目"益师计划"教师培训,始终坚持"志智双扶",激发脱贫内生动力,实施电商扶贫、中小学教师"益师"等培训近148人,在专家智库的引领下,积极探索学校特色发展、管理创新、教学提质路径,持续培育出一批推动乡村教育振兴的"火种力量",引领帮助更多的教师扎根乡村、服务乡村,推动托里乡村教育高质量发展,让乡村教育振兴成为乡村振兴战略的持久动力和展示窗口。同时,积极打造新疆油田石油科普试点区,整合石油科普资源和人力资源,建立以帮扶学校为实践主体的联动机制,实现信息、人才、阵地等资源共享,让学生们更加深刻的感受石油的魅力,进一步拓宽了他们的科学视野,激发他们对石油行业的兴趣和热情,在心中播撒下投身祖国能源事业的种子。

(三)实施"互联网+乡村教育"提升工程

"十三五"以来,新疆油田分公司着力在产业发展带动、项目支持、医疗教育等方面鼎力支持,累计投入1.3亿元,为托里县实现脱贫攻坚与乡村振兴有效衔接奠定坚实基础。新疆油田扎实开展基层干部教育培训工作,结合托里县乡村振兴的实际情况加强人才输送和交流，拓展人才吸收渠道，使托里县在乡村振兴的道路上阔步前行。2023年以来，新疆油田主办的线下培训9期，托里县共派出555人参加；线上培训6期，托里县共有3 000余人次参加。接受完培训的干部纷纷表示愿意将自己的所学所获所感应用于当地的实践，真正实现"帮扶一个、带动一片"的良性循环。

二、经验启示

新疆油田采取的各项帮扶措施目前已取得良好成效，帮扶领域不断拓宽，扶智扶志双向推进，当地的办学质量逐步提高，这离不开新疆油田的成功经验总结和自身优势的发挥。

（一）坚持以医疗质量为中心，构筑生命健康防线，打造优质医疗服务体系

在诊疗业务方面，专家学者通过教学查房、手术讲座等多种形式带教示范，成功地提升了托里县的医疗水平知识，使得受援科室在诊断疑难杂症等方面的能力显著提升，为患者提供了更优质的医疗服务。

通过重点强化管理干部、教科研骨干的能力，牵好"牛鼻子"，培养"领头雁"，打造"带不走"的新型队伍；通过示范课、开展大教研、组织观摩课等形式多样、内容丰富的活动，全面提升县域医疗综合素质和专业能力；通过抓好当地年轻骨干这一重要群体，实施师徒结对，让经验丰富的医师按科室结对帮扶年轻医生，快速提升年轻医生的专业能力，实现"青蓝衔接、输血造血"。

2024年尤迈慈善专家在托里县人民医院

（二）坚持以人民为主体，通过优势资源卓越引领，激活当地师生内生动力

在对口帮扶实践中，新疆油田始终坚持以人民为主体，强调发挥当地人民群众的主体作用，通过引进对接优势资源，在为当地带来先进教育理念、提供各类指导帮助的同时，还注重培养本土干部人才，提升当地"造血"能力。

新疆油田通过引入各方合作资源，为当地学生开阔视野创造各种有利机会，让帮扶学校的学生们有机会接受到更优质的教育资源，从而使他们在学习技巧、解题思路、思维发展、创新意识等方面得到长足发展，在学习方法和态度上发生了明显改变，特别是眼界和心胸更加开阔，自主、创新学习的意识、信心和能力显著增强，性格健全、心理健康。这些成功经验又在当地进一步延伸、推广，由点及面，带动全校乃至全县其他学子视野和面貌的改变。

（三）坚持以乡村建设为抓手，扎实有序推进基层组织建设，激发人才创新活力

选优配强干部，激励真抓实干，是推进乡村全面振兴的关键所在。乡村振兴，关键在人、关键在干。基层干部奋战在农村改革发展稳定第一线，是推进乡村振兴的中坚力量。作为党员干部，要加强对群众的组织引领，坚持群众观点、走好群众路线，只有党员干部作出榜样、作出示范、作出成绩，广大群众才会跟着干部走、跟着干部干、跟着干部闯。

产业振兴是乡村振兴的重中之重。发展乡村特色产业，要立足资源禀赋优势，差异化发展特色，这样农业产业才能提升吸引力、拥有持续力、富有竞争力。在发展乡村产业中始终坚持以人民为中心的思想，尊重农民主体地位，不断创新机制模式，调动广大农民的积极性、主动性、创造性。

供稿：中国石油天然气股份有限公司新疆油田分公司

为治蜀兴川加油　为乡村振兴助力

——中国石油天然气股份有限公司四川销售分公司帮扶案例

中国石油四川销售分公司深入学习贯彻习近平总书记关于"三农"工作的重要论述，认真贯彻落实集团公司党组关于"为推进乡村全面振兴贡献石油力量"的决策部署，连续11年定点帮扶阿坝州若尔盖县，助力该县于2020年脱贫摘帽。2023年9月，经农业农村部、中央组织部等部委联合发文，集团总部将若尔盖确定为中国石油第11个、四川省内唯一一个定点帮扶县，2023年11月、2024年7月，集团公司董事长戴厚良、党组副书记段良伟先后赴若尔盖县调研帮扶工作，强调为全面助力乡村振兴和四川经济社会发展作出新贡献。

截至2024年已累计投入帮扶资金3 200余万元，派遣"三级联帮"干部员工驻村帮扶16人次，实施各类帮扶项目27个，在服务治蜀兴川、助力乡村振兴的实践中，逐步形成了以能源利民、产业富民、消费助民、就业兴民、民生惠民、党建聚民为主要内涵的"为民六策"帮扶工作品牌,以履责担当的企业形象彰显中国石油品牌公共价值,其认可度和美誉度持续上升。

一、能源利民

作为四川成品油供应的主渠道,四川销售公司自"十三五"以来持续加大在革命老区、脱贫地区、民族地区、盆周山区等"四类地区"的网点建设力度,累计完成投资7.6亿元,新增加油加气站42座,油气年供应量约70万吨,在支撑地方经济社会发展、保障能源安全和能源供应的同时,实现"县县有站点"的网络布局。在若尔盖县布局站点5座,油气年销量超2万吨,为若尔盖县经济社会发展和能源结构转型作出了积极贡献。一是优化能源消费结构,推动绿色出行。推动若尔盖县新能源汽车充电基础设施的建设,在花湖景区、气象局停车场及若尔盖久江加油(气)站等旅游热点及交通枢纽区域投资200万元,选址新建新能源汽车快充站,安装17把快充枪。二是投建可再生能源项目,促进能源结构转型。依托"中省国企阿坝行"项目签约的契机,积极争取105万千瓦集中式光伏建设项目,增加县域清洁能源供应,有效减少碳排放,推动地区能源结构绿色转型。三是投建综合能源站,保障能源供应安全。为进一步提升若尔盖县的能源供应可靠性和稳定性,计划投资3 000万元,在若尔盖县红星镇国道213线侧开发建设一座综合能源站。该项目将显著增强川甘青枢纽地区的能源安全保障能力。预计该站建成后三年内可实现汽柴油年销售10 000吨,为地方财政贡献税收约300万元,有力促进当地经济的繁荣和发展。

二、产业富民

坚持品牌引路、产业筑路,从供给侧和需求侧通盘考虑、共同发力,培育"一县一业""一村一品"产业品牌项目。在若尔盖县积极践行产业富民战略,通过精准施策和持续投入,着力培育集体经济、壮大产业规模,为当地经济社会发展注入了强大动力。自"十三五"以来,累计投入资金

2 600余万元，建设中藏药产业园、藏家乐民居、有机蔬菜种植园、旅游服务中心等产业项目17个，增强"造血"功能，每年贡献产值约1 100万元，以实际行动为若尔盖县当地经济社会发展注入了强大动力。一是强链补链，壮大产业规模。若尔盖县地处青藏高原东北边缘，幅员面积10 620平方千米，平均海拔3 500米，气候寒冷干燥，日照时间长，昼夜温差大。差异显著的立体气候和复杂多变的局部生态条件孕育了虫草、贝母、绿松石等300余种动植矿物药材和松贝、大黄等道地药材，是制造各类药剂的绝佳原药材。为填补若尔盖县以大黄为主的稳产道地药材初加工产能空缺，完善中藏药产业链发展基础，打造地理标志药材品牌，提升农产品抗风险能力，保障种植户收益稳定，拟在若尔盖县扶贫产业基地内中国石油定点帮扶产业园，投入800万元建设中藏药产业项目，为若尔盖县大黄等中药推广、产品研发、品牌打造打好基础，推动当地药材加工产业升级。项目落成后，预计年产1 600吨大黄等中藏药粗加工产品，年产值可达1 500万元以上，提高大黄收益17元/千克，带动产业价值提升540万元/年。二是品牌培育，提升产品价值。农牧业作为若尔盖县农业农村经济的支柱产业，收入占比在全县农业农村生

产总值中超68%。投入500万元用于藏绵羊产业孵化及品牌培育项目，一产方面，推动"认养一只羊"项目，建设标准化养殖圈舍、安装可视化溯源系统；二产方面，聚焦盘活闲置加工厂资源，新建屠宰精分割加工线；引入外部合作方，通过"订单式牧业＋产地屠宰加工＋内外平台展销＋仓储物流保障"方式，补齐发展短板，推动畜牧业一二三产业融合发展；三是增收创收，发展特色农业。通过在占哇乡试点实施"高原有机蔬菜种植"项目，打造从"田间"到"餐桌"的全产业链条，不仅推动了占哇乡当地农业产业结构的优化，还为农民增收创收开辟了新的途径。一方面，通过注册商标、设计包装、制定营销策略等一系列措施，使当地

消费助农直播活动

农民获得更高的销售收入。另一方面，项目还为当地农民提供了技术培训、市场信息等支持，帮助他们提高生产技能和经营能力，为若尔盖县乡村振兴注入了新的活力。

三、消费助民

持续创新消费帮扶机制，增强当地农特产品"造血能力"。2024年以来，分两批次推荐共65款若尔盖县域特产入选《中国石油消费帮扶产品推荐目录》，助推4家县域企业入驻央企消费帮扶平台，组织消费帮扶商品专场合作选商并与县域中标企业建立全川统采合作，扶持打造"若格达斯"地域特产品牌，通过兴农周、商品专柜、直播带货等多种载体，利用线上平台资源和线下网点优势，建立"品牌孵化＋内采外售＋平台展销"特色帮销模式，助力若尔盖县域农特产品提档升级、走出阿坝。一是优选产品赋能，深耕品牌孵化。若尔盖县政府、中国石油以及本来生活网三方联合发力，结合若尔盖

巩固脱贫攻坚成果与乡村全面振兴**有效衔接**

第四届昆仑好客购物节若尔盖专属展区

县畜牧业优势,以藏系绵羊、藏系牦牛为首批主打产业,高原青稞、油菜、中藏药材等特色品种为后续发展产业进行产品开发和市场营销,形成产业升级项目实施规划和生鲜品牌合作运营方案,基于"本土品牌打造+原产地代加工+线上平台展销"合作模式,通过产品开发包装、产业孵化升级、品牌运营推广和仓储物流保障全产品链规划赋能。

二是积极摸排拜访,挖掘内部需求。推进公司内部认购,持续丰富若尔盖县域农特产品可营序列,将生鲜牛羊肉、菌类等系列若尔盖县农特产品列入全川及所属二级单位、直管股权企业工会、食堂、福利商品采购目录,制订各单位采买计划,按季度认领采购;积极开发集团客户,围绕工会、食堂、福利商品采买需求和兄弟单位消费帮扶年度目标,通过主动拜访持续扩大深化与四川石化、川庆钻探、西南招标中心和西南油气田等集团客户团购合作,达成年度采买意向,同步协调开发兄弟单位消费帮扶产品采买需求,拓展帮销渠道。三是搭建展销平台,盘活外售渠道。全端网点铺货,将若尔盖县农特产品纳入全省统采目录,实施全省平台铺货和特产组包,确保全川实体门店、到家业务平台、好客e站、去惠购等自有平台全面上线,精选旅游沿线点位打造特产专卖店、网红点,通过油非互促、礼包地推等方式实现零售增量,同步开展外部商超、酒店、服务区等经营场所"帮进店""帮上架"专项行动,形成向外曝光矩阵。搭建曝光平台,利用官方网站及社交媒体平台开展产品推广宣传,将若尔盖县帮销商品纳入全省直播商品目录,每月组织开展帮销专场直播,协调入驻抖音、惠农网、三农等公益性扶贫直播平台,链接MCN外部电商;开展专场推介,结合平台渠道、应季主题和县域资源,自主开展中小型专场推介会和内推活动,同步争取博览会、美食节等外部展销机会,开展"若尔盖美食汇""39帮扶集市"等特色展销活

动；布展大型展销。打造特色专区，以现场品鉴+民族歌舞的线下有效互动，区域新闻媒体的线上渠道曝光，推动"若尔盖"名牌走出去。于2024年6月22日举行的"央企消费帮扶聚力行动之中国石油昆仑好客第四届购物节"，同中国电信、本来生活网等单位签订若尔盖县农产品采购意向金额1 090万元；8月23日主动组织若尔盖县20余类、90余款特色商品到穗参展"2024中国县域博览会暨中国县域高质量发展大会"，专区展销产品直销金额突破2万元，并与80余家采购商、40余家经销商达成意向链接，期间"若格拉斯"青稞啤酒（原浆）入选中国县域博览会县域优品，并荣获"星光大奖"，广东卫视、中国县博会官方媒体、珠江经济台等多家媒体到若尔盖专区进行采访报道。

四、就业兴民

将实现脱贫人口稳定就业作为推动乡村振兴的重要手段，全面实施就业帮扶计划，在招聘高校毕业生和库站员工时，同等条件下优先录取"四类地区"求职人员，每年为当地提供就业岗位超过1 000个。一是摸清底数明方向，深挖公司"就业岗"。2024年四川销售公司通过劳务公司已择优录取若尔盖籍员工28人，同时针对若尔盖县旅游资源分布和季节性特点，摸清当地近年来大中专毕业生底数，在花湖等加油站采取季节性用工的方式，帮助当地群众就业增收，近年来共招聘用工140余人次，扩大就业"蓄水池"。二是立足实际顺民心，畅通就业"微循环"。做好基本信息统计，建立190名应聘人员的信息台账，完善未就业台账，针对19名重点帮扶监测人员，优先提供20余个岗位。三是精准就业畅通道，实现就业"高质量"。为让县域群众实现高质量就业，积极对接有关部门，根据若尔盖县高校毕业生个性特征、专业特长、潜在优势等，科学制定"精准就业"对策，为更多选择返乡就业创业、勇于投身新兴领域的高校毕业生畅通"绿色通道"，支持未就业大中专毕业生就业，积极落实帮扶岗位30个，全面助力辖区大中专院校毕业生走稳就业路。7月29日，阿坝州委、州政府授予中国石油四川销售公司"促进大中专毕业生就业突出贡献企业"荣誉称号。

五、民生惠民

坚持以人民为中心的发展思想，将乡村振兴惠民实事纳入幸福企业建设十大工程、二十条举措之中，围绕教育、医疗等方面，组织开展送文化下基层、爱心支教、暖心校服、助残敬老等系列活动。2024年以来，新增"医疗

巩固脱贫攻坚成果与乡村全面振兴**有效衔接**

帮扶"系列活动、"加油宝贝"儿童公益保险项目、"益师计划",把温暖带到群众身边。一是通过"益师计划"构建多层次培训体系。设立石油先锋校长班和石油先锋教师班,分别培养5名校长和9名骨干教师,同时线上学习平台"云端共研"项目惠及1 165人次,实现优质教育资源的广泛覆盖。二是以公益保险模式助力乡村振兴。携手中国乡村发展基金会、浙江蚂蚁公益基金会,以"加油宝贝"项目公益保险方式,有效整合社会资源,将社会保障体系进一步延伸到乡村,为2 398名低收入家庭儿童健康撑起保护伞。三是连续6年在若尔盖县中学开展"旭航"助学,累计投入资金210万元,为400余名藏区高中生提供生活补贴,助力若尔盖学子完成学业、圆梦高校。四是联合北京尤迈慈善基金会开展医疗帮扶"健康护航"行动。向若尔盖县捐赠大病医疗保障8 579份、药品1 760盒。同时,医疗帮扶专家团队进驻若尔盖县人民医院各科室,提供了为期8天的义诊活动,为当地患者提供专业诊疗服务。通过义诊,医疗帮扶专家为若尔盖当地居民提供了"零距离"的免费医疗服务,受到广大群众的一致欢迎。五是精准捐赠,助力增收。四川销售公司携手中

油资本积极响应若尔盖县政府的需求，联合多家金融企业共同捐赠资金 30 万元，用于购买母犏牛，并按照"镇政府统采分发、农户自行养殖、合作社技术指导"的模式运作，旨在帮助低收入人群实现稳定增收。此举不仅解决了当地农户的实际困难，还激发了他们自主发展的内生动力。

六、党建聚民

一是强化党建"红色引擎"。与若尔盖县委签订《党建引领县企共兴》框架协议，不断发挥县企基层党组织在推动组织联建、产业培育、民生服务、智力支持等方面的战斗堡垒作用。在组织联建方面，双方党组织紧密联合，资源共享、优势互补，共同构建起高效的组织架构；在产业培育上，积极探索符合若尔盖当地特色的产业发展路径，为地方经济发展奠定坚实基础；民生服务方面，基层党组织深入群众，了解民众需求，切实为民众解决生活中的实际困难；在智力支持方面，中国石油四川销售公司利用自身的人才和技术优势，为若尔盖的发展提供了诸多有益的思路和方法。二是积极彰显驻村党员干部的先锋模范作用。其中，探索建设若尔盖"道德超市"成为一大亮点。通过以"小积分"推动"大文明"建设的创新模式，鼓励民众积极参与文明建设活动，推动移风易俗，提升了当地的文明程度。11 名党员先后荣获四川省"优秀驻村干部"，近百余篇主题新闻稿件获得央地媒体转载。三是联合中油资本以实地学习及座谈交流方式开展党建联建活动，进一步加强了与若尔盖政府之间的交流合作。在实地学习中，深入了解若尔盖当地的实际情况，包括产业发展现状、民众生活需求等；通过座谈交流，共同谋划发展的新思路，进一步坚定了理想信念和使命担当，为若尔盖的乡村振兴工作注入新的活力和动力，在推动地方经济发展、社会文明进步方面发挥着积极而重要的作用。

供稿：中国石油天然气股份有限公司四川销售分公司

种养加销全产业链帮扶模式助力青河乡村产业高质量发展

——中国石油天然气股份有限公司乌鲁木齐石化分公司帮扶案例

青河县总人口6.7万人，其中哈萨克族占76.72%，传统产业主要是畜牧业。中国石油定点帮扶青河县21年来，始终契合青河县自然资源禀赋和传统产业优势，不断探索产业转型和升级，在青河县经济社会发展中充分体现了石油力量。"十三五"以来，按照习近平总书记关于扶贫和乡村振兴一系列指示精神，以产业振兴为引领，以打造种植—养殖—加工—销售全产业链帮扶模式为目标，久久为功，先后建成饲草料基地、牛羊养殖基地、畜牧屠宰场及深加工项目10个，年创产值2 200多万元、实现净利润600多万元，惠及哈萨克族农牧民1 029户3 785人，有力地维护了区域性粮食安全和保证受助农牧民稳定增收，促进稳边、固边、兴边和社会稳定长治久安。

一、具体举措

（一）以推行节水技术为先导，保障粮食和饲草料需求

青河县有可耕地12.75万亩，因水资源短缺、重牧轻农、矿业开采、农牧争地、撂荒弃耕，粮食产量触碰红线、饲草料发展受到严重制约。自2016年开始，中国石油开始投入资金实施高效节水滴灌技术改善土地种植条件，至2022年共斥资1 840万元，改善低产、撂荒、弃耕、复垦土地灌溉条件20 000亩，经过高效节水滴灌溉技术改造后，彻底根除了旱涝危害，实现肥水管理合一，生产耕作劳动强度大幅降低，占全县可耕地六分之一的可耕地变为稳产高产良田。2016—2022年，实施节水项目9个，共建设变配电设施、高压水泵房10个；建设闸阀井、排水井320多个；敷设主管网管线200多千米，相当于6个马拉松赛程。在地方政府的支持下，引导哈萨克族农牧民实行土地流转经营，流转费收益每亩平均800元以上，20 000亩土地总收益在1 600万元以上，惠及2 327人，解放劳动力500多人。实行粮食作物和经济作物轮作生产模式，每亩产值平均3 000元以上，为当地创国民经济收入6 000万元以上。农业生产过程中，产生大量的农作物秸秆经过加工，变为牛羊饲草料，又为发展畜牧业、提升牛羊存栏量提供了有力保障。

公司总经理解文建调研青河县
萨尔托海乡"牛超市"

（二）以改善养殖设施为依托，推动畜牧生产转型升级

"十三五"以来，青河县生态保护政策更为严格，草原承载设限，牛羊上山放牧数量顶到了"天花板"，要发展畜牧业必须有新举措，中国石油积极探索出成功经验，即：集中与分散相结合。集中就是兴建棚圈集中育肥，分散就是组织农户进行家庭饲养。

集中育肥方面： 2017年，中国石

公司党委书记、执行董事秦本记，
陪同集团公司副总经理任立新
调研援建青河县的饲料加工厂

萨尔托海乡的饲料公司

青河县受惠农牧民向公司赠送锦旗

油投入了 1 000 万元资金，援建了两套育肥牛棚圈设施，设计牛存栏量 1 000 头，设施包括育肥棚圈、消杀场所、饲料厂发酵池等；一座用来本地褐牛繁育，主要销售牛犊，经营模式采取养殖大户+村党支部+农户；养殖大户和农户以成年母牛入股，村集体以援建棚圈所有权入股，当年集中了 450 多头母牛饲养，当年产犊 410 多头，村集体分红 15 万元，参股农户分红 30 万元，农户户均增收 1 500 元；这种生产经营模式一直沿用至今。另一座援建的棚圈由致富带头人成立的合作社开办"牛超市"，引进西门塔尔牛面向全县及周边地区实行品质牛改造，每销售一头牛创利 3 000 元，更为有利的是满足了青河县畜牧业发展规划，提高肉牛、奶牛的品种改造比例，为养殖户带来大幅增收。

分散饲养方面： 动员节水灌溉项目所在的 8 个村，利用农作物秸秆作为饲草料，扩大牛羊养殖规模，至 2022 年不完全统计，8 个村的牛羊存栏量超过 65 074 头（只）。

（三）以畜牧屠宰加工为手段，提高生态牛羊肉附加值

援建高效节水滴灌项目，保障了粮食稳产的同时，大幅提升了饲草料增量，饲草料充沛促进了畜牧养殖业兴旺，牛羊存栏量每年递增 7% 以上，至 2022 年青河县牛羊规模突破 70 万头（只）；2022 年投入 600 万元援建牛羊精饲料加工厂，设计年产量为 6 万吨，预计可创利 900 万元，带动富余劳动力就业 50 人以上，目前项目正在紧张施工建设，计划国庆节前产出合格产品，为青河县牛羊存栏量实现每年百万头（只）目标提供了有力支持。中国石油 2020 年、2021 年在青河县分两期援建了畜牧屠宰场项目，填补了区域性行业空白，成为阿勒泰地区最有影响的现代化规模屠宰厂。2020 年主体厂房建成、屠宰设备安装调试一次成功，11 月试生产出合格牛羊肉产品；2021

年 5 月二期工程环保设施建成投用，交由当地农民经济组织青山牧人有限公司运营，生产许可、市场准入证照办齐后启动正式生产，当年实现屠宰牛 380 多头、羊 6 800 只，每头牛增值 1 200 元、每只羊增值 400 元，共生产牛羊肉 280 吨，实现产值 1 272 万元，实现利润 63.6 万元，并带动 25 名富余劳动力就业，人均年收入 42 000 多元。

（四）以灵活多样营销为目标，实现农牧民稳收增收

青山牧人有限公司生产的牛羊肉分割精细、价格合理、包装精美、物流快捷、服务周到，贴牌"马拉松牛肉"和"马拉松羊肉"，体现了该公司牛羊肉生态绿色和无疫区特性；通过参加中国石油农产品展销会、大客户推销、网络直播、网红带货等营销手段，开拓了市场，提高了品牌知名度，牛羊肉产品畅销新疆内外，享誉北上广和东北地区，产品供不应求；中国石油还将其列入消费帮扶产品目录，动员系统内各分公司作为职工福利踊跃购买。2022 年随着青河县畜牧业发展、牛羊出栏量及屠宰量增大，牛羊肉销售量将大幅上扬；从 2024 年上半年销售额分析，2024 年估计销售额要比上年翻番，达到 2 500 万元以上；良好的销售前景有利于青河县畜牧业发展，有利于农牧民增收致富，可有效防止规模性返贫。

二、效果意义

中国石油定点帮扶青河县打造种养加销全产业链帮扶模式，是贯彻落实习近平总书记产业振兴是重中之重指示精神的具体行动，是完全契合当地自然资源禀赋，符合全县"十四五"经济社会发展规划，顺应哈萨克族农牧民畜牧业生产传统优势。推行高效节水滴灌技术起到了示范引领、土地增值、粮食和饲草料兼收、农牧民增收显著的多重作用；推行集中与分散相结合养殖方式，对当地牛羊品种改良、实现畜牧业转型升级具有积极的意义；实施畜牧屠宰和扩大品牌销售是提升牛羊肉附加值，扩大青河县生态优质牛羊肉知名度，拓宽哈萨

青河模式优秀案例获奖

克族农牧民增收致富的有效途径。

三、地方评价

中国石油打造种养加销全产业链是青河县推进乡村振兴事业的成功经验，是加快青河县经济社会发展、实现社会稳定长治久安的有力探索。当地哈萨克族受助农牧民由衷称赞"脱贫不忘共产党、致富不忘中石油""宝石花（注：中国石油标志），青河哈萨克族农牧民的幸福花"。

供稿：中国石油天然气股份有限公司乌鲁木齐石化分公司

阿勒泰山脚下 "智慧粮仓"惠民生

——中国石油天然气股份有限公司新疆销售分公司帮扶案例

吉木乃县位于新疆阿勒泰地区西北部，与哈萨克斯坦接壤，边境线长114.7千米，总面积7 145平方千米，人口约3.43万人。地形呈阶梯状由南向北逐级倾斜，山地占总面积的22.3%，平原占60.9%。属大陆性北温带寒冷气候，春旱多风，夏季凉爽，秋季短暂，冬季寒冷而漫长，降水量少，蒸发量大，气候干燥。百姓常年以放牧和农作物种植为生，受自然环境影响，牧民放牧环境恶劣，农民种植收益较低。吉木乃县是国内发现大麦和小麦最早遗存的地方，县域内的有机小麦是疆内唯一通过欧盟有机认证的小麦，吉木乃口岸一关通四国，周边邻国绿色优质粮食资源丰富，与粮食关联的产业发展前景良好。

2002年起，中国石油定点帮扶阿勒泰地区吉木乃县，从基础民生的"多元帮扶"到核心产业的"精准发力"，

吉木乃智慧粮仓厂区钢板立筒仓俯视图

吉木乃智慧粮仓厂区外貌

不断加大帮扶力度、广度、深度和精度，持续巩固拓展脱贫攻坚成果同乡村振兴有效衔接，朝着实现吉木乃全体人民共同富裕的目标继续前进。在定点帮扶工作中，重点围绕民生、产业、智力等方面大力实施帮扶项目建设，2019年开始投入资金大力实施产业帮扶项目，援建了喀尔交镇牲畜养殖项目、肉类综合加工厂项目、托斯特旅游民宿项目、"优质春小麦监管+智慧粮仓"项目、乌拉斯特镇创业孵化基地建设项目、冰川龙虾养殖项目等，在产业项目援建上走出了一条特色之路。近几年，中国石油新疆销售有限公司派出的挂职干部，坚定执行集团公司产业帮扶的各项安排和部署，对以往的乡村振兴项目进行全面的盘点和分析，从项目的综合效益、长远发展、带动就业、持续提升等方面进行了科学分析，明确下一步吉木乃产业帮扶的总体方向，为集团公司定点帮扶效能的最大化提供了第一手资料，保证帮得准、扶得精。

中国石油新疆销售公司挂职干部深入当地开展调查研究，经过县委研究，提出了在吉木乃建设粮食储备基地的设想，公司领导多次前往调研项目，召开党委会研究，经集团公司审批后项目立项并实施。粮仓项目的实施，是集团公司坚决落实习近平总书记的重要指示精神："中国的饭碗一定要端在自己的手里，碗里边主要要装中国的粮食"的重要举措，集团公司董事长、党组书记戴厚良同志强调要认真贯彻落实习近平总书记重要讲话精神，进一步加大乡村振兴帮扶力度，坚决端牢盛中国粮的饭碗。2021年、2022年，中国石油紧盯产业帮扶重点项目，连续投入2 000万元援助实施了"优质春小麦监管+智慧粮仓"建设项目，在阿勒泰山脚下，中国石油以其央企的责任和担当，为吉木乃县的粮食产业带来了翻天覆地的变化，也为整个阿勒泰地区粮食行业的安全生产和粮食储备工作树立了先进榜样。中国石油产业帮扶的力度进一步扩大并惠及广大吉木乃人民群众。

一、经验做法

经过多年的持续帮扶，集团公司对吉木乃历年来的产业帮扶项目综合评估后，将产业帮扶的重点聚焦到粮食安全方面。吉木乃县耕地面积约20万亩，受自然气候和水资源限制，种植面积按照"以水定地"的形式执行，每年种植农作物被控制在15万亩以内，其中粮食作物面积占比37%，粮食年产量在2.2万吨左右。为提升粮食收储保障能力，确保吉木乃县粮食安全，实现优粮保量，提高农民种粮积极性。解决吉木乃前期粮食收储设施方面存在仓储能力小，点多分散，设施老化，管理落后，运行成本高等问题，对保障粮食安全、稳定农民种粮积极性及充分发挥吉木乃口岸"一关通四国"区位优势都带来了不利影响，为解决

吉木乃智慧粮仓厂中心控制室

吉木乃智慧粮仓现场卸粮过程

这一突出问题，吉木乃县积极争取国家专项资金和中国石油帮扶资金，实施了"优质春小麦监管＋智慧粮仓"建设项目。

集团公司的援助资金犹如一场及时雨，不但解决了当地企业建设资金短缺的问题，还为吉木乃县带来了新的发展机遇。该项目总投资6 600万元，总建筑面积达20 621平方米，建设仓容6.1万吨。项目投运后，成效显著。有效解决了粮食存储仓容不足、县域代储点分散、粮库管理信息化程度低以及粮食出入库效率低等四方面突出问题。仓容能力提升了61%，代收代储点由5个分散点合并为1个集中点，降低了管理幅度和成本，实现了库区智能化进销存管理和粮情监测信息化管理，粮食收发能力大幅提升，售粮群众普遍满意。截至2023年底，吉木乃县共计承储各类政策性粮食及商品粮3.65万吨，轮换小麦8 440.36吨，实现盈利182万元。2024年预计新增承储量1万吨，实现盈利210万元。集团公司的帮扶为吉木乃县的粮食收储工作和经济发展做出了重要贡献。

"粮食安全，乃国家稳定之基石"。有了这个智慧粮仓，吉木乃县能够更

吉木乃智慧粮仓的钢板立筒仓（一）

吉木乃智慧粮仓的钢板立筒仓（二）

好地储存和管理粮食，确保在任何时候都能为百姓提供充足的粮食供应。在这个过程中，中国石油展现出了高度的社会责任感。中国石油深知粮食安全对于国家和人民的重要性，以实际行动践行着央企的担当。这种担当不仅仅体现在资金的投入上，更体现在对项目的精心规划和建设上。新建粮仓投运后，还新招收固定用工5人，使用季节性用工60人，在带动区域就业增收方面发挥了作用。成为阿勒泰地区收储规模大、信息化程度相对较高的粮食收储中心。这一项目的落地，犹如一颗璀璨的明珠，为当地粮食安全保驾护航。智慧粮仓项目不仅提升了吉木乃县的粮食收储能力，也为整个阿勒泰市粮食行业的安全生产奠定了坚实基础。先进的设施和智能化的管理系统，让粮食的储存更加科学、高效。收储企业可以更好地应对不同的收储需求，为地区的粮食产业发展提供有力支撑。同时，项目的建设也为当地带来了就业机会，促进了民生改善。中国石油的帮扶，真正实现了经济效益、社会效益和生态效益的有机统一。

新疆销售挂职干部积极推进智慧粮仓项目的组织实施，确保项目过程可控，并能切实惠及老百姓。当地农户马乃满脸笑容地说："我们送粮来的路上，远远地就看见了立式粮仓上的中国石油宝石花，就像冉冉升起的太阳，我们心里有种暖暖的感觉，这个智慧粮仓真是太好了！以前我们总担心粮食储存不好，卖不上好价钱，现在有了这么先进的粮仓，我们心里踏实多了，粮食能得到更好的保管，我们的收入也更有保障了"。粮仓的工作人员阿依恒·夏依索力坦，几年前还是一名牧民，得知"智慧粮仓"的招聘信息后，包括他在内的4名当地牧民第一时间就赶来报名。他说："来这里上班后，每个月都能拿5 000元的工资，加上家里放牧的收入，全家人的生活过得越来越好了，现在一起在这里工作的工友们都挺知足的"。

二、案例成效

从吉木乃县的角度看，中国石油 20 多年的持续帮扶，在当地人民心中深深地刻印了央企支援边疆建设欣欣向荣的景象。当地企业与央企结为了可靠的合作伙伴，并成为关心民生的典范。在项目建设过程中，中国石油充分发挥自身的技术和资源优势，为智慧粮仓的建设提供了全方位的支持，集团公司与当地政府和企业密切合作，共同攻克了一个又一个难题，确保了项目的顺利推进。这种合作精神，不仅体现了中国石油的开放与包容，也为其他企业树立了良好的榜样。2024 年 8 月 5 日，集团公司董事长、党组书记戴厚良同志专程前往吉木乃县调研"智慧粮仓"，对项目投运后在保障了当地粮食安全、提升收储能力、带动就业增收方面发挥的积极作用予以充分肯定。

中国石油在吉木乃的智慧粮仓建设项目中，充分展现了央企的担当和责任，为当地粮食安全和经济发展做出了巨大贡献。中国石油新疆销售公司将认真落实集团公司部署要求，继续讲好新时代新征程乡村振兴故事，并在产业振兴、人才振兴、文化振兴、生态振兴、组织振兴等方面持续发力，切实把关乎人民群众的事情办好、办扎实，不断提升中国石油品牌影响力和美誉度，为实现中国式现代化吉木乃新篇章贡献石油力量。

供稿：中国石油天然气股份有限公司新疆销售分公司

万亩向日葵花海绘就乡村振兴新篇章
——中国石油天然气股份有限公司新疆销售分公司帮扶案例

坐落于中国新疆喀什地区叶城县宗朗乡的清泉村，宛如一颗镶嵌在高原之上的璀璨明珠，其独特的地理位置赋予了这片土地得天独厚的自然条件。这里地处高原，海拔适宜，使清泉村拥有得天独厚的日照优势，阳光充足，照射时间长，为农作物的生长提供了丰富的光能资源。加之土壤肥沃，富含各种矿物质和微量元素，为农业发展奠定了坚实的基础，使得清泉村在农业领域具有巨大的潜力。

尽管自然条件优越，但长期以来，清泉村的经济发展却相对滞后。由于缺乏有效的产业支撑，村民们只能依靠传统的农业种植方式维持生计，收入微薄，生活面临诸多挑战。许多年轻人为了追求更好的生活，纷纷外出务工，导致村庄的人口结构失衡，经济发展缺乏活力。

面对这一困境，2016年，中国石油新疆销售喀什分公司作为定点帮扶的坚强后盾，毅然决然地承担起了社会责任。喀什分公司派遣了一支专业的工作队入驻清泉村，与村两委紧密合作，共同探索乡村振兴的创新路径。这支工作队由农业专家、经济顾问、市场营销人员等多领域人才组成，他们深入田间地头，了解村民的实际需求，为清泉村的发展量身定制了一套全面的帮扶计划。

工作队与村两委携手并肩，积极引导村民转变传统的农业种植观念，引入现代化的农业技术和管理理念。他们通过科学规划，合理利用土地资源，提高了农作物的产量和品质。同时，工作队还积极拓展农产品销售渠道，帮助村民将农产品销往更广阔的市场，从而增加了村民的收入来源。

此外，工作队还注重培养村民的自我发展能力。他们组织各类技能培训班，教授村民科学种植、养殖技术，以及市场营销、电子商务等现代知识，提升了村民的综合素质和就业能力。这些举措不仅为清泉村的发展注入了新的活力，也为村民们的生活带来了实实在在的改变。

在中国石油新疆销售喀什分公司和村两委的共同努力下，清泉村逐渐打破了发展瓶颈，走向了繁荣。如今，清泉村的经济发展势头强劲，村民们的收入大幅增加，生活水平得到了显著提升。他们用自己的双手创造了美好的未来，也为其他地区提供了可借鉴的乡村振兴经验。

一、经验做法：科学规划与技术支持的深度融合

（一）精心筹备、科学规划奠定项目实施基础

2016年，中国石油新疆销售喀什分公司与清泉村两委正式携手，共同启动了向日葵种植项目。为了确保项目的成功，双方不仅共同邀请了新疆农业科学院的专家团队进行专业指导，还对当地的气候条件、土壤类型、水资源状况等进行了全面而深入的评估。

专家团队利用先进的农业技术和设备，对清泉村的土地进行了详细的土壤检测，分析了土壤的肥力、酸碱度以及微量元素含量，为后续的种植计划提供了科学依据。同时，他们还对当地的气候条件进行了长期观测和数据分析，确保了种植计划的合理性和可行性。在此基础上，双方共同制订出了一套详尽且科学的种植计划。该计划不仅明确了种植的品种、数量和时间，还详细规划了施肥、灌溉、病虫害防治等各个环节的具体措施。为清泉村的向日葵种植奠定了坚实的基础。

（二）品种选择的严谨性与优化

在品种选择上，专家团队展现出了极高的严谨性和专业性。他们根据清泉村的实际条件，经过多轮试验与筛选，最终确定了"油葵1号"和"食葵2号"这两个优质向日葵品种。这两个品种不仅具备出色的抗旱、抗病虫害能力，能够适应清泉村的气候和土壤条件，达到稳定高产，为清泉村的向日葵种植提供了有力的保障。为了确保品种的优化和更新，专家团队还与清泉村的种植户保持了密切的沟通和合作。他们定期收集种植户的反馈意见，对品种进行持续的改进和优化，确保了向日葵品种的适应性和竞争力。

（三）深入实施技术培训与示范引领

为了提高清泉村种植户的科学种植水平，专家团队定期深入田间地头，为村民提供全方位的技术培训。这些培训涵盖了播种、施肥、灌溉、病虫害防治等多个环节，确保了种植户能够掌握科学的种植方法和技术。同时，专家团队还在清泉村建立了示范田，通过实际操作和演示，让村民能够直观地看到科学种植带来的显著效果。这种示范引领的方式，不仅激发了村民参与种植的积极性，还提高了他们的种植技能和水平。在专家团队的精心指导下，清泉村的种植户逐渐掌握了科学的种植方法和技术，向日葵的产量和品质也得到了显著的提升。这种技术培训与示范引领的深入实施，为清泉村的向日葵种植注入了新的活力和动力。

（四）显著成效的取得与持续发展

在科学规划和技术支持的双重推动下，清泉村的向日葵种植面积实现了从几百亩到万亩的跨越式增长。这一显著的成效，不仅为清泉村带来了可观的经济效益，还为乡村振兴注入了强大的动力。随着向日葵种植面积的扩大，清泉村的种植户也逐渐增多。他们通过种植向日葵，实现了收入的增加和生活的改善。同时，向日葵种植还带动了相关产业的发展，如葵花籽油、葵花籽仁等深加工产品的生产和销售，进一步提高了清泉村的经济实力和市场竞争力。这种显著成效的取得，离不开科学规划和技术支持的深入融合。

（五）产业融合与品牌建设的双赢策略

1. 合作社的成立与规范化运作

2017年，清泉村注册成立了"清泉向日葵农民专业合作社"，这一举措标志着清泉村向日葵产业进入了新的发展阶段。合作社吸纳了全村120户加入，形成了规模化、集约化的经营模式。合作社的成立，不仅为种植户提供了更加稳定的销售渠道和收购保障，还降低了他们的经营风险和市场风险。合作社与种植户签订了长期稳定的收购协议，确保了产品的销路和价格的稳定。同时，合作社还积极为种植户提供技术指导和市场信息服务，帮助他们提高种植水平和市场竞争力。在合作社的规范化运作下，清泉村的向日葵产业逐渐形成了良性循环的发展模式。

向日葵田地引来游客观赏

2. 品牌打造的精心策划与市场推广

合作社与新疆丝路之葵农业科技开发有限公司强强联合，共同打造了"丝路之葵"知名品牌。品牌打造，不仅提升了产品的品质和形象，还增加了产品的附加值和市场竞争力。在品牌打造的过程中，合作社注重产品的深加工和多样化发展。通过引进先进

葵花盛开吸引大量游客前来观光

的加工技术和设备，生产出了葵花籽油、葵花籽仁等多种高附加值的产品。这些产品不仅满足了市场的多样化需求，还提高了清泉村向日葵产业的综合效益。同时，合作社积极开展市场推广活动，利用电商平台、批发商和零售商等多渠道网络，将优质产品销往全国各地。紧跟时代潮流，引入直播带货这一新兴方式，通过线上直播展示合作社的农产品及万亩向日葵花海的壮丽景观，吸引了大量网友关注和购买，有效拓宽了销售渠道，进一步助力了乡村振兴。此外，合作社还借助万亩向日葵花海的独特魅力，大力发展乡村旅游，不仅带动了周边农家乐和土特产的销售，还促进了当地就业，实现了产业的多元化发展，为乡村振兴注入了新的活力。

二、案例成效：经济收入与生态文化的双重飞跃

（一）经济收入的显著提升

2023年，清泉村向日葵农民专业合作社实现了令人瞩目的销售业绩，全年销售收入高达1 500万元，利润更是达到300万元，这一数字不仅彰显了合作社

的强劲实力，也反映了清泉村向日葵产业的蓬勃发展。与此同时，村民的年人均纯收入也从2016年的不足3 000元，增长至1.2万元，实现了经济收入的显著提升，村民们的生活水平得到了质的飞跃。

农户增收的显著成效是这一转变的直接体现。通过向日葵种植和乡村旅游的双向发展，清泉村的村民们找到了增收的新途径。他们不仅从向日葵种植中获得了可观的收益，还通过参与乡村旅游，如开设农家乐、售卖土特产等方式，进一步增加了收入。这种多元化的增收模式，让村民们的钱包鼓了起来，生活更加富裕。

合作社的盈利稳步增长，为清泉村的经济发展提供了坚实的支撑。通过品牌建设和市场拓展，不断提升产品的知名度和市场竞争力，从而实现了稳定的销售收入和利润。这种稳健的经营模式，不仅为合作社成员带来了可观的收益，也为清泉村的经济发展注入了新的活力。

就业机会的多样化，是清泉村经济发展的又一亮点。向日葵种植和旅游业的发展，为村民提供了大量的就业机会。许多外出务工的年轻人，看到家乡的发展前景，纷纷选择回乡创业。这种劳动力的回流，不仅解决了村里劳动力短缺的问题，还促进了村民之间的交流和合作，增强了村庄的凝聚力。

（二）生态与经济效益的和谐共生

绿色防控技术的广泛应用，是清泉村保护生态环境的重要举措。在向日葵种植过程中，合作社采用了生物防治和物理防治相结合的绿色防控技术，有效减少了化学农药的使用量，降低了对环境的污染，保护了生态环境和生物多样性。

蜜蜂养殖这一辅助产业，是清泉村实现生态效益和经济效益双赢的又一创新实践。万亩向日葵花海吸引了大量的蜜蜂前来采蜜，合作社敏锐地捕捉到了这一商机，引导村民发展蜜蜂养殖业。目前，清泉村已有50多户农户从事蜜蜂养殖，年产蜂蜜超过10吨，为村民带来了可观的额外收入。这种养殖模式不仅增加了村民的收入来源，还促进了生态的平衡和稳定。

生态效益的显著提升，是清泉村坚持绿色发展的必然结果。向日葵种植不仅改善了土壤质量，增加了有机质含量，提高了土地的肥力和生产能力，还增加了植被覆盖率，有效防止了水土流失和土地荒漠化等问题。同时，万亩向日葵花海也成为了清泉村的一道亮丽风景线，进而提升了村庄的整体生态环境和宜居水平。

（三）文化和旅游融合发展的创新实践

清泉村在经济发展的同时，也注重文化和旅游的融合发展。自 2018 年起，清泉村每年定期举办"向日葵文化节"，这一活动不仅吸引了大量游客前来参观游玩，还成为了展示当地文化遗产和民俗风情的重要窗口。文化节期间，村民们展示传统手工艺品和进行民族风情表演，让游客在欣赏美景的同时，也能感受到当地的文化魅力。

为了更好地服务游客，清泉村不断完善旅游基础设施，修建了观景台、停车场、休息区等配套设施，提升了旅游接待能力。同时，鼓励村民开设农家乐和民宿，提供餐饮和住宿服务，进一步延长了旅游产业链。这些举措不仅为游客提供了更加便捷和舒适的旅游体验，也为村民提供了更多的就业机会和收入来源。

旅游收入的持续增长，是清泉村文化和旅游融合发展的直接体现。2023 年，清泉村接待游客超过 10 万人次，旅游总收入达到 500 万元，成为了当地经济发展的重要支柱之一。

（四）取得成效的全面总结

清泉村通过向日葵种植和乡村旅游的发展，实现了经济收入的显著提升、生态环境的明显改善以及社会文化的繁荣发展。农户增收的显著成效、合作社盈利的稳步增长以及就业机会的多样化，共同构成了清泉村经济发展的坚实基础。同时，土壤质量的显著提升、植被覆盖率的显著增加以及绿色防控技术的广泛应用，彰显了清泉村在生态保护方面的积极成果。此外，文化遗产的传承与弘扬、社区凝聚力的增强以及教育水平的显著提高，也体现了清泉村在社会文化方面的全面进步。

综上所述，清泉村通过科学规划、技术支持、产业融合以及品牌建设等策略，实现了经济、生态和文化的全面发展。这种发展模式不仅为清泉村带来了可观的经济收益和生态效益，还为其他地区的乡村振兴提供了可借鉴的经验和启示。

供稿：中国石油天然气股份有限公司新疆销售分公司

深化南北协作 助推消费帮扶

——中国石油天然气股份有限公司独山子石化分公司消费帮扶典型案例

察布查尔县位于新疆维吾尔自治区伊犁哈萨克自治州，面积4 073平方千米，县辖13个乡镇、1个国营农场、1个农村经济管理中心，人口19.06万人，由锡伯族、维吾尔族等36个民族组成，少数民族占67.92%，是中国唯一以锡伯族为主体的多民族聚居的自治县。察布查尔县是全疆优质粮油及特色农业生产加工基地。党的十八大以来，察布查尔县累计减少贫困人口3 188户11 605人，贫困发生率由8.7%下降为零。玉吉米勒克村位于南疆喀什地区泽普县，全村耕地面积为5 848亩，主导产业是林果业，其中核桃4 200亩、红枣600亩。全村有3个村民小组304户1 083人。2021年，全村人均纯收入9 414元，其中脱贫户家庭人均收入8 698元、一般户人均纯收入10 398元，党的十八大以来，泽普县累计减少贫困户157户556人，贫困发生率降至1.2%。

2003年、2018年，根据新疆维吾尔自治区及中国石油天然气股份有限公司安排部署，独山子石化分公司成为伊犁州察布查尔县、南疆喀什地区泽普县玉吉米勒克村对口帮扶单位。多年来，独山子石化公司始终坚持以习近平新时代中国特色社会主义思想为指导，紧紧围绕习近平总书记关于脱贫攻坚、乡村振兴系列会议和讲话精神，深入贯彻落实党中央、自治区及集团公司帮扶工作重要政策和要求，将驻疆企业发展优势资源与当地自然、生态及劳动力等优势资源充分结合，不断加大工作力度，帮扶工作取得了积极成效。2017年、2020年帮扶的察布查尔县、泽普县玉吉米勒克村顺利实现了脱贫摘帽。自2018年起，消费帮扶作为企地开展产业合作，增强帮扶地自我"造血"能力的重要手段之一，对加快察布查尔县、泽普县农业农村发展，促进困难户稳定增收发挥了重要作用。据初步统计，2018—2022年，独山子石化公司累计采购助销帮扶地特色农产品达3 000多万元，近千名困难人口直接受益，巩固了脱贫攻坚成果。在察布查尔县、泽普县两地开展消费帮扶，主要做了以下几个方面的工作。

一是强化组织领导协调。结合新疆维吾尔自治区、中国石油帮扶工作考核要求，建立健全企业与帮扶地调研机制，每年赴察布查尔县、泽普县开展帮扶工作专项调研，研究部署年度帮扶重点工作，协调解决难点焦点问题。组建专门机构，由独山子石化公司主管领导、分管领导及办公室、财务处、企管处等主要业务部门成立乡村振兴帮扶工作领导小组和专班，明确专人专门负责消费帮扶工作的协调和组织实施，精准支持消费帮扶产业发展，为察布查尔县、泽普县两地协作的消费帮扶的实施提供了坚实的组织保障。

二是强化帮扶资金投入。独山子石化公司立足帮扶地产业发展需求，每年积极与上级部门争取帮扶资金，为两地民生、产业、生态等方面发展，提供了有利保障。自帮扶工作开展以来，在察布查尔县、泽普县累计投入帮扶资金达8 000多万元。其中从2016年起至今，在察布查尔县投入近3 000万元助力当地红花产业、伊犁老苹果等特色农林产业发展；在泽普县投入几百万元改善当地农田林地灌溉，助力特色农产品产量稳步提升，两地帮扶资金的投入为稳步促进消费帮扶工作有序开展，提供了坚实的产业基础。

三是强化优惠政策激励。独山子石化公司结合帮扶地特色农产品实际，每年编制《消费帮扶实施方案》，落实消费帮扶工作政策倾斜。充分利用工会优势，全面落实"集体采购""统一认购""包邮到家"等实惠措施。在察布查尔县开展的消费帮扶主要是通过利用节日慰问采购当地优质的特色农产品，为职工发放大米、粮油等家庭常备物资；在泽普县的消费帮扶主要是通过鼓励公司员工认购方式实施,选取核桃、红枣等特色农产品,丰富职工的日常菜篮子,南北疆消费帮扶侧重点的不同,在满足企业职工需求的同时,又能有力地保证消费帮扶能发展、能受益、能带贫。

四是强化企业引领带动。中国石油独山子石化公司是驻疆央企,始终坚持绿色低碳可持续发展的理念。自消费帮扶开展以来,公司强化央企引领示范带动作用,结合自身发展需求,率先垂范,将"绿水青山就是金山银山"的生态发展理念与"乡村振兴战略"有机结合,以"消费帮扶"为契机,助力公司绿色低碳发展。自2019年起至今,公司与帮扶地苗木种植企业建立长期合作机制,已累计采购帮扶地特色苗木近400万元,为企业绿化建设提供几十万株优质苗木,不仅提升了公司绿化美化档次,改善了企业生产环境,也真正做到了"一头连着帮扶地区,一头连着企业绿色低碳发展",保障了困难户稳定增收,逐步形成了长效发展的消费帮扶机制,这一企业带动的有效实践。

五是强化帮扶模式创新。独山子石化公司始终坚持总结过往消费帮扶经验,不断创新帮扶思路,深挖消费帮扶潜力。2021年、2022年将察布查尔县与南疆驻村消费帮扶工作融合开展,不断细化帮扶措施。经石化公司、南疆泽普县驻村干部、察布查尔县挂职干部三方对接沟通,现场实地调研,成功将南疆泽普县优质的核桃、红枣等特色农产品推荐至中国石油消费帮扶推荐的察布查尔县优质农产品生产供应商,利用生产供应商优质农产品生产资质和原材料需求,鼓励优先筛选收购南疆帮扶地原材料,根据市场需求加工成成品销售,独山子石化公司通过企业自采认购或中国石油非油渠道等方式予以推广销售。通过察布查尔县、泽普县消费帮扶优势互补,强强联合,一方面赋予深加工特色产品品牌效益,助力察布查尔县"以购代捐"工作深入推进,另一方面利用优势资源,提高南疆特色农产品附加值,助力南疆乡村振

兴帮扶工作，保障当地困难群体稳定增收。

六是强化帮扶合力协作。加大宣传力度，鼓励内部宣传部门加大宣传力度，充分运用各类媒体、展销会等多种形式，向中国石油内部和社会积极宣传察布查尔县、泽普县深入开展消费帮扶的有益经验。大力推介察布查尔县、泽普县优质特色农产品。首先是调动企业内部员工及社会面主动参与，不断壮大参与消费帮扶的"朋友圈"，推动形成强大合力。其次是将帮扶两地的特色农产品推荐至中国石油加油站，利用其点多面广优势，助力产品销售。

下一步，独山子石化公司将进一步提高政治站位，坚持以习近平新时代中国特色社会主义思想为指导，认真落实党的二十大会议精神及乡村振兴重要部署，始终以饱满的热情、求实的作风和创新的精神，深化南北疆消费帮扶协作发展，通过企业联动、线上线下结合、生产与销售衔接、渠道与宣传并重，让消费帮扶从点到线及面，进一步扩大消费帮扶的影响力、渗透力，全面助力帮扶当地乡村振兴。

供稿：中国石油天然气股份有限公司独山子石化分公司

天路零公里 "管书记"用网络直播绘就新时代乡村振兴壮美篇章

——中国石油天然气股份有限公司新疆销售分公司帮扶案例

党的十八大以来,以习近平同志为核心的党中央把脱贫攻坚摆在治国理政的突出位置,脱贫攻坚作为实现第一个百年奋斗目标的重点任务,被纳入"五位一体"总体布局和"四个全面"战略布局,党中央作出一系列重大部署和安排,全面打响脱贫攻坚战,困扰中华民族几千年的绝对贫困问题历史性地得到解决,脱贫攻坚成果举世瞩目。

中共中央、国务院《关于实现巩固拓展脱贫攻坚成果同乡村振兴有效衔接的意见》中指出,支持脱贫地区乡村特色产业发展壮大。完善全产业链支持措施,支持农产品流通企业、电商、批发市场与区域特色产业精准对接。支持脱贫地区培育绿色食品、有机农产品、地理标志农产品,打造区域公用品牌。继续大力实施消费帮扶。中国石油新疆销售有限公司驻叶城工作队（以下简称工作队）在支持脱贫地区乡村特色产业发展壮大、支持农产品流通电商方面做出了积极贡献。

管军东是中国石油新疆销售有限公司驻喀什叶城县金果镇一村的第一书记、工作队长，他以"新疆喀什乡村管书记"注册抖音账号，通过网络直播等新型传播媒介，在新藏公路起点——叶城县绘就了新时代乡村振兴的壮美篇章。在他的带领下，工作队所在的乡村更加美丽，村里群众的日子越来越红火，"宝石花"在天路零公里散发着绚丽的光彩。

一、经验做法

（一）突出联农带农抓产业

一是选准衔接项目。工作队全面落实乡村振兴战略，以产业发展为引领，结合本村优势，开展蔬菜大棚种植、蘑菇种植、小龙虾养殖、直播带货提升村集体收入，带动低保户致富。发展村级集体经济，为贫困家庭、特殊家庭送鸡苗 2 000 余只，给村民介绍科学养殖技术，中秋节前通过互联网把村民的当季产品销售一空，为贫困户增加收入，打开了销售新路子。为农户赠送化肥价值 3.35 万余元，投入资金 0.93 万元为学校进行环境绿化。

二是突破发展能级。工作队率先开展电商，注册抖音账号"新疆喀什乡村管书记"，在抖音上宣传正能量、爱心公益、本地特产、旅游介绍。为本村 15 个贫困学生找到资助人员，帮助贫困学生顺利完成学业；直播间粉丝为当地贫困学生送来羽绒服、裙子、鞋子 500 余套，捐助图书 600 余本。通过直播间为当地 20 人解决了疆外就业。为了确保百姓石榴快速销售，注册了抖店，开播第一天销售石榴 486 件，销售金额 5 万余元，当天石榴销售进入抖音热搜榜全国前十名。2024 年以来，开播 70 场，累计销售金额 680 万元。

三是强化利益联结。2024 年，管军东所在村与新疆雅耀传媒有限公司合作成立创业基地，其中村集体占股 49%，雅耀传媒占股 51%，对外承接歌舞文化商演。在管军东的培养下，9 名主播已经具备独立带货的能力。基

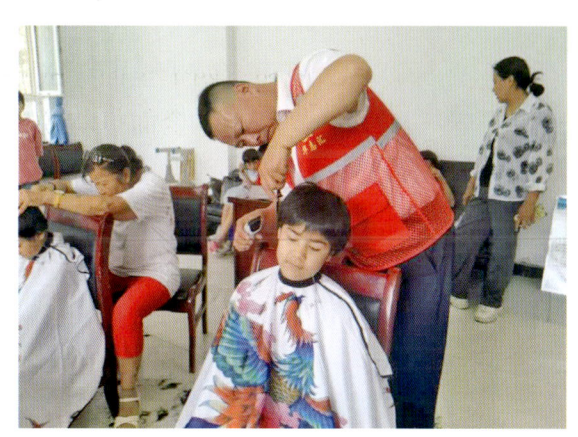

开展爱心帮扶活动

开展直播带货助农活动

地解决当地就业50人,为当地培养特殊人才200余人。2024年6月1日,成功承办了叶城县石榴花节,活动得到叶城县县委县政府大力支持和认可,国家一级导演尼加提对管军东设计的骆驼队表演给予了高度赞赏。这次活动不仅提升了当地知名度,也为创业基地增收20万元。

四是强化直播助农。在乡村振兴的道路上,管军东心怀大爱,2024年6月8日,巴州官方邀请他助力轮台小白杏出疆,当日销售55万元,8 600余单,取得全疆生鲜类抖音销售第一名、全国前五名的好成绩;8月23日,新疆塔城地区额敏县170团的沙棘成熟,销售困难让百姓忧心,管军东奔赴现场,通过网络直播,当天销售108万元沙棘原浆,三天累计销售260万元;9月8日,叶城县核桃待销,管军东3天累计销售120万元;9月14日,他又马不停蹄地来到库尔勒助力香梨销售,当天销售10万元。他被库尔勒市政府授予"公益助农大师"称号。他在叶城县抖音线上销售始终保持第一名的好成绩,被叶城县农业农村局授予"助农大使""乡村致富带头人"荣誉称号。

(二)突出共谋共享抓建设

一是发动群众谋。在管军东带领下工作队建立微信群和民意收集箱,开展"有事大家说""工作经常晒"活动,全面收集群众关心的村级发展规划、民生设施建设、特色产业发展等意见建议。通过"四议两公开""村党支部+党小组会+村民理事会"议事决策机制,真正形成"群众出草图,专家出蓝图"。成立维护稳定工作领导小组,每月组织应急演练2次,每周开展走访,解决群众矛盾纠纷38起。

二是促动群众干。工作队广泛开展美好环境与幸福生活共同缔造活动,积极引导村民参与到村庄建设和治理中,投入资金50万元打造葡萄长廊、办公场所改造、特色种植改造周边环境,形成了连点成线、串线成片的美丽乡村田园画卷。每周开展环境卫生清洁活动,组织和发动群众做好院内院外六件事,鼓励群众主动参与环境卫生整治和美丽乡村建设,培育发展"美丽庭院示范户"98户,全面提高村民参与积极性。

三是带动群众富。工作队投入10万元建设村党支部引领下的合作社,努力壮大村集体收入,成效显著。合作社将老百姓的核桃、石榴、红枣等农副产品进行初级加工包装,注册抖店精心运营,全力做好商品保供和后台运营工作。有效整合了资源,激发了乡村经济活力。

(三) 突出党建引领抓治理

一是厚植治理根基。工作队定期召开专题例会对驻村工作进行安排和部署,及时把自治区党委的各项要求进行传达和落实。严格执行"三会一课"制度,认真学习习近平总书记系列讲话、党的二十大和二十届三中全会精神、习近平总书记视察新疆重要讲话重要指示。

网络直播助力叶城石榴销售

二是构建治理体系。工作队开展"五好党支部"创建,以"三学三亮三比"为抓手,组织党员开展各项活动,制订村干部职业生涯培训计划,采取"一对一"帮扶计划,搭建"十户联防、邻里守望"网络,实行"网格化管理、小单元作战",责任到组、联系到户、包干到人,形成全覆盖、大联动的强大气场。成立民生代办、生活保障、法律咨询等志愿服务组织,在村党支部的领导下广泛开展便民服务,实行民主选举、民主决策、民主管理、民主监督,打通服务群众"最后一公里"。

三是拓宽为民办事项目。工作队优化文化阵地,整合办公区、活动区,设置水费代缴点,安装健身器材,修建篮球场、乒乓球案、跳棋、象棋等,组织村民开展春节、三八妇女节文体娱乐活动5场次,提升党组织凝聚力。开展志愿者服务。通过电话、上门、微信,帮助独居老人和村民买药、换煤气、送生活物资等。利用春节、端午节、七一建党节等重大节日,慰问困难群众和党员35人,发放米面油慰问品累计2.3万余元,为村委会购置煤电3.5万元,设立小课桌,帮助农民看管上学儿童70余名。

二、案例成效

通过上述系列措施,取得五方面成效:一是强化百姓思想教育,社会面基本稳定。二是帮助村民增收致富,开展电商销售,解决农产品滞销难题,所在村队农民平均增收 0.2 万元。帮助其他有需要的农户,开展网络农副产品销售,成效显著。三是发挥网络舆论正面效应,帮助当地农民就业 55 名。四是通过互联网,吸引社会爱心人士积极投入捐资助学活动,帮助贫困学生顺利完成学业。五是让闲散年轻人学习互联网知识,拓宽就业渠道,加强国语学习,让年青劳动力可以双语交流,增加了省内省外就业机会。

在乡村振兴的阳光大道上,中国石油新疆销售有限公司将持续发挥国企三大责任,在天路零公里——叶城继续描绘更加壮丽的乡村振兴画卷,在中国石油新疆销售公司帮扶叶城县 30 年的历史经验基础上,继续创新帮扶的方式方法,扩大和提升乡村振兴成果、成效,向自治区党委、集团公司党组交出满意的答卷。

供稿:中国石油天然气股份有限公司新疆销售分公司

做活土地"引、流、经"三篇文章 蹚出强村富民"新路子"
——中国石油天然气股份有限公司新疆油田分公司帮扶案例

新疆油田公司党委坚决贯彻落实党中央、集团公司党组、自治区党委关于乡村振兴各项工作的部署，派驻5个驻村工作队在南疆喀什地区泽普县负责5个原深度贫困村（库其村、喀拉巴格村、古勒巴格村、托皮恰村和托万恰卡村）的定点帮扶工作，通过落实落细各项帮扶措施，帮助所驻村全部甩掉了"维稳重点村""党支部软弱涣散村"和"深度贫困村"的帽子，所驻村村民人均收入从2014年的6 000元增加到2023年年底的17 700余元，推动了所驻村农村人居环境大幅改善，村民幸福指数显著提升，保持社会大局和谐稳定。

按照喀什地区、县、乡三级驻村相关部门工作要求，为进一步做好巩固脱贫攻坚成果和乡村振兴有效衔接工作，驻村工作队结合所驻村的实际情况，将"土地"问题列为目前推动所驻村乡村振兴工作的主要抓手之一，通过对土地使用效率、土地产值以及土地管理三个方面进行探索实践，为土地创效提供了新路径。

一、做法及成效

经过实地考察和入户走访调研，驻村工作队决定采取改变农作物品种、推动土地流转和引进项目管理人的方式，帮助村民解决土地产值低、土地利用率低和土地收益流失等问题，切实提升保障村民的经济效益，做好土地"引、流、经"三篇文章。

（一）"引"进深加工产业，谋好土地效能提升篇

针对农户现有土地规模和种植产能固定，产生的经济效益相对固定的情况，驻村工作队从改变土地种植农产品的方面入手，鼓励、带动村民种植高产、高附加值的农作物，实现提升土地的产值，从而解决土地产出效益不高的问题。

驻村工作队与泽普县、波斯喀木乡乡村振兴有关部门通过多次商议，最

终决定通过引进深加工企业的方式，从根源上解决土地产出效益不高的问题。为选出适合当地的农产品深加工企业，波斯喀木乡库其村驻村工作队多次前往河南、西安等地开展实地考察，并于2023年与泽普县县委县政府、克拉玛依市白碱滩区政府以及河南焦堂景旭粉条公司最终敲定合作方式，按照四方合资的形式，在泽普县农产品精深加工产业园注册成立新疆景旭薯粉食品加工有限公司（以下简称"薯粉厂"）。由库其村驻村工作队和乡政府出面与村民协商，鼓励村民将部分土地用于红薯苗的种植，约定如果年底土地的收益与之前相比有所减少，则由库其村村委会进行补偿。同时，为保障村民种植的红薯苗品质和产量，

河南焦堂景旭粉条公司安排专业技术人员负责管理,确保村民种植的红薯苗符合薯粉厂的原材料收购标准,每亩地可以增加村民收入2 500元。

此外,薯粉厂的建立也进一步优化了库其村一、二级产业的联系,村民培育的红薯苗可以用来种植红薯,也能用于规模化种植;红薯被薯粉厂收购回来后用于制作成红薯干、红薯粉条等一系列红薯产品,剩余的红薯渣又可以被用于红薯苗的种植肥料以及牲畜的饲料。不仅如此,2023年下半年薯粉厂正式投产后,也解决了当地村民的就业难题,其中,薯粉厂能够直接为当地村民提供30个就业岗位,就业村民人均月收入达2 000元以上。

红薯制品的出现填补了此类产品在南疆四地州的空白,丰富了泽普县农副产品的种类,有效拓宽了当地村民的致富渠道,增加了当地政府的税收。同时,也为泽普县的规模化种植和农作物深加工企业的经营管理提供了可复制的模板,提升了泽普县农产品产业链的抵抗风险能力。经库其村驻村工作队和当地乡政府的共同商议决定,在波斯喀木乡的部分村继续推广红薯苗的种植,产出的红薯苗按之前的约定继续由薯粉厂按照市场价进行回购,确保农民的收益得到保障。土地增效,农民增收,集体经济壮大,都为当地乡村振兴工作开辟了新的广阔前景。

(二)推行土地"流"转,谋好土地规模经营篇

针对因村民缺乏种植技术和管理经验,导致土地荒废以及村民在庭院后私拉乱搭牛棚羊圈,没有发挥出土地价值等情况。驻村工作队采取内部土地流转的方式,将这类土地集中起来,由村委会组织懂技术、善管理的本村村民统一进行农作物的种植,收益按劳动积分进行分配。

依克苏乡托皮恰村驻村工作队充分研读中共中央办公厅、国务院办公厅印发的《关于引导农村土地经营权有序流转发展农业适度规模经营的意见》,并将其作为开展托皮恰村土地流转的政策依据,与当地乡政府乡村振兴有关

部门进行协商，并最终达成一致意见，由托皮恰村驻村工作队牵头，同托皮恰村村干部一起到村民家中商讨土地流转事宜。经过一周多的实地走访和入户座谈，共拜访村民33户，为他们宣讲土地流转的好处，帮助他们放下思想包袱、转变观念，最终，征得了托皮恰村3小组2小队21户村民的同意，获得42亩土地的经营权。

在实施土地流转前，托皮恰村驻村工作队与村"两委"首先将这42亩土地上的零散果树移除、牛棚羊圈拆除、青储窖填平，并根据土地分布图做好了三块区域的划分及后期规划，由村集体出资，对土地进行平整，并安排专业人员根据规划分别在辣椒、番茄和茄子三种经济作物的区域上，根据农作物的"喜好"铺设水管带和安置加药罐，为后期经济作物的生长打好基础。期间，托皮恰村驻村工作队组织这21户村民按照投票的方式，选出了这42亩土地的致富带头人，由他带领21户村民开展日常浇水、除草、施肥、打枝等工作，同时根据村民的劳动情况进行积分，每周在村委会进行公示，将其作为后期分红的依据。同时根据分工，由托皮恰村驻村工作队做好后勤保障工作，定期聘请泽普县农技局的专家到田间开展技术指导；销售工作由村干部和县供销社做好沟通联系，统一按照市场价的90%兜底采购，年底所得收入按照劳动积分情况进行分成。

通过半年的尝试，21户村民的土地通过流转的方式增收近10万元，平均每户增加收益近4500元。托皮恰村的土地流转措施不仅改善了本村的环境卫生，也让利用不起来的"闲置地"成了村民的"增收地"，让村民尝到了丰收的喜悦。同时，这次成功的探索也让托皮恰村其他满足条件的180户农户看到了致富的希望，为其他530亩庭院土地找到了致富的路径。后期，托皮恰村驻村工作队将持续入户宣讲土地流转的致富案例，帮助村民转变观念，逐步将土地流转在全村范围内扩展，不断推动托皮恰村向农业规模化、集约化发展，将其变成实现村民增收的有效途径，变成能够提升村民生活水平的一条康庄大道。

（三）实施项目"经"理制，谋好集体土地统一管理篇

村集体经济是乡村振兴的经济基础，是增强农村基层组织凝聚力、号召力和战斗力的重要基石，更是增加村民收入的直接保障。驻村工作队针对村里年轻劳动力缺失，导致村集体土地无人耕种的情况，积极探索、大胆尝试，在开展乡村振兴工作中引入企业项目经理人的概念，将村集体土地承包给村民进行管理，年底根据土地收益情况按比例分成给承包人，其他收益归村集体所有。最终实现村集体经济的大幅增收，解决了村集体利益流失、受损的问题。

依克苏乡托皮恰村驻村工作队实地勘查村集体土地出租情况，广泛调研市场需求，提出"村集体经济与特色产业融合发展"的增收新思路。2023年初，托皮恰村驻村工作队决定将原先出租给农田承包户的70亩村集体土地收回，不再进行出租外包，引用企业项目的管理模式，在全村范围内招募"项目经理人"代为管理，要求经理人必须具备前瞻性的眼光和能够准确预估市场需求的能力，能够在任职期间做好一系列的项目计划、组织和管理工作，最重要的是，项目经理人的收入和项目产值直接挂钩，这对于托皮恰村的村民而言具有极大的挑战性。经过3天的角逐，最终项目经理人由村里的种植"专家"担任。

随着3月初"双模"西瓜项目的正式启动，各项管理工作也在有条不紊地进行着，按照合同要求，日常浇水施肥等管理工作由村"两委"按照1 500元/月的标准在村内聘请5名脱贫户进行负责，而项目经理人只需要负责技术指导和管理指挥。经过4个月的科学种植，"双模"西瓜于7月初全部采摘完毕，并全部按照高于市场平均价的价格售出，除去工人工资、项目经理人的分红以及水肥等各类成本，70亩"双模"西瓜最终帮助村集体获利7.6万元，是原先70亩土地租赁费用的5倍。下半年，托皮恰村驻村工作队按照同样的思路，继续雇佣项目经理人种植玉米，到11月青储饲料上市时，再次获利3.3万元。

在"村集体经济与特色产业融合发展"增收思路的引导下，托皮恰村驻村工作队将村集体的70亩土地收益由原先的1.4万元提升至现在的10.9万元，直接增加9.5万元，占托皮恰村原村集体经济总额的31%。此次对村集体土地管理的成功转型，让托皮恰村驻村工作队和村"两委"又看到了700亩村集体土地的价值，也看到了提升村集体经济的新希望。

二、启示

土地资源是农村开展乡村振兴工作的重要资源，是农村发展的基础，也是推动农村发展、产业升级和人才振兴的底层支柱。完善土地流转服务体系、优化土地资源配置，是盘活农村土地资源、提高土地利用率的最有效方式，为进一步提升土地的经济效益、促进农村经济发展、推动乡村全面振兴提供有力保障。开展乡村振兴工作要善于打破瓶颈，要从各村的实际情况出发，遵循市场经济规律，积极探索经济发展的有效途径和实现形式。因地制宜，采取精准帮扶的方式，帮助所驻村找准发展新思路。目前，驻村工作队的土地创效思路已得到当地县政府的认可，并在全县范围内召开现场会进行交流、推广。

下一步，驻村工作队将继续在运用土地资源创效方面进行更加深入的探索，同时，做好就业帮扶方面的实践研究，通过开展国家通用语言培训和专业技能培训的方式，一方面加强村民的国家通用语言交流能力，另一方面提升村民的专业技能水平。由驻村工作队牵头，收集有意愿外出就业的村民信息，在疆内油田服务单位进行推荐试岗，帮助拥有职业技能的村民获得稳定就业的机会。不断激发村民的"内生动力"，帮助村民实现增收，杜绝所驻村出现脱贫人员返贫的情况。

供稿：中国石油天然气股份有限公司新疆油田分公司

用实干谱写驻村美丽篇章
——中国石油天然气股份有限公司乌鲁木齐石化分公司帮扶案例

2014年以来,在以习近平同志为核心的党中央坚强领导下,在习近平新时代中国特色社会主义思想指引下,在新疆维吾尔自治区党委、喀什地委、疏勒县委的支持和关怀下,中国石油乌鲁木齐石化公司(以下简称"公司")先后向喀什地区疏勒县派出六批驻村工作队,共计207人。其中,第一书记42人,工作队员165人。公司驻村工作队坚持学习贯彻习近平新时代中国特色社会主义思想、党的十八大、十九大、二十大精神,牢牢把握新时代党的治疆方略和驻村四项重点任务,坚决履行央企社会责任,全面实施帮扶举措,为建设平安美丽喀什疏勒贡献了"石油人"的力量。

2024年,公司派驻喀什地区疏勒县的4支工作队共有23人,其中驻村在疏勒县罕南力克镇博热其1村6人;博亚克其格勒9村6人;马勒其19村5人和恰恰甫20村5人,挂职疏勒县工业园区管委会副主任1人。

公司驻村工作队总领队兼恰恰甫20村第一书记、工作队长艾尔艾力·西尔艾力于2017年和2023年两次在喀什地区疏勒县罕南力克镇驻村，担任第一书记、工作队长达3年，2023年被评为自治区级"优秀"第一书记。他在基层组织建设、驻村队伍管理、乡村振兴和稳定安全等方面具有丰富的工作经验，为了更好的开展驻村工作，他制定了公司的《驻村工作管理标准》，坚持每月召开两次"驻村工作例会"，会议上他坚持"第一议题"制度，组织工作队员学习习近平新时代中国特色社会主义思想，学习党的二十届二中、三中全会精神，学习《中国共产党纪律处分条例》。他要求工作队员加强政治理论学习，不断提高政治站位，深刻领悟"两个确立"的决定性意义，增强"四个意识"、坚定"四个自信"、做到"两个维护"，切实把思想和行动统一到党中央决策部署上来，严守驻村工作纪律，坚持秉公办事、履职尽责，以贴心、热心、精心的工作态度，沉下心为群众干好事、干实事，全心全意当好基层党组织的"安全员"；维护乡村稳定的"警卫员"；人民群众的"服务员"。

一、帮扶乡村加强基层党组织建设

公司驻村工作队长期坚守在国家深度贫困区，协助罕南力克镇和塔孜尔其乡党委开展基层组织建设，建全村务监督委员会，建立和完善村规民约等管理机制，激发党员活力，带动群众共同参与乡村建设治理，推动基层组织建设制度化、标准化、规范化，努力把村党组织建设成为坚强战斗堡垒。

（一）发挥村党支部教育管理职能

驻村工作队先后改建修建各驻村点的党群活动室、党群服务中心、积分超市22处。公司4支驻村工作队的第一书记、工作队长带领工作队员与村"两委"，按时组织召开"三会一课"，带头讲党课和开展学习研讨，通过实施每周3小时理论学习；学习笔记月评比；党员管理积分制等举措，党员干部的政治站位、思想觉悟、工作作风和学习自觉性都有了明显提升，为带动辖区群众共同建设和美乡村奠定了坚实的政治基础。

（二）发挥"传帮带"作用，增强村"两委"战斗力

艾尔艾力·西尔艾力要求工作队员与村干部建立"一对一"结对帮扶关系，在思想、工作、生活上同评比、同考核，村"两委"干部出现各种问题，先问责工作队员，促使工作队员主动为村干部"传经验、帮改进、带成长"，教导少数民族村干部在"学照深纠"去极端化主题教育中做表率，带头反思问题、纠正错误，真正达到了思想、行为、能力等全方位提升。十年来，在工作队的帮助下，共计发展党员190余人，培养入党积极分子280余人，为乡镇党委推荐优秀后备干部130余人，为建强基层党组织奠定了基础。

（三）发挥基层组织优势，大力开展"四个教育"

公司驻村工作队始终坚持开展周一"升国旗"、三结合大宣讲、法治安全小讲堂、农牧民夜校等意识形态领域教育，驻村第一书记、村党支部书记每周组织村民学习党和国家的"惠民政策"、法律法规知识和国家通用语言文字，采取积分奖励、先进表彰和谈心谈话等方式，持续增强辖区群众的爱国、感恩意识，提升他们共同参与乡村建设治理的积极性。公司驻村工作队每年

巩固脱贫攻坚成果与乡村全面振兴有效衔接

用于积分奖励和先进表彰的经费达15万元，奖励表彰9 000余人。每年用于慰问困难家庭、四老人员和学生儿童的经费约12万元，切实让群众感受到了党和政府的关怀。

（四）建立完善的驻村保障机制

2017年，公司党委成立了"驻村工作领导小组"，将驻村工作作为企业履行社会责任的一项重要内容纳入公司党委会审议，明确了择优选派、队伍稳定、严格管理、待遇保障等各项措施，同时建立了驻村工作经费和扶贫项目审计机制，确保各类资金经费能够安全、合规、高效使用，为做好驻村工作提供了保障。

十年来，自治区党委和喀什地委数十次派出调研组、考核组、检查组，检查验收后盾单位和驻村工作队落实帮扶工作成效，各级检查组始终对公司落实驻村工作责任给予高度评价，驻村工作队先后7次被评为自治区级先进；19次被评为地区级先进。18名第一书记和工作队员获得自治区和地区级优秀称号。

二、高质量完成脱贫攻坚任务

2015年以来，公司坚定贯彻习近平总书记关于扶贫工作的重要论述，在自治区党委和集团公司党组的坚强领导下，坚持把脱贫攻坚作为重大政治责任，十年来共计拨付帮扶资金2 000余万元，用实际行动诠释国企的责任和

担当，高质量完成了脱贫攻坚任务。

截至2019年底，公司在疏勒县对口帮扶的12个村全部退出贫困村行列，辖区所有家庭人均收入达到9 000元以上，贫困发生率实现动态清零，辖区贫困风险得到全面消除。

驻村工作队坚持把精准识别作为脱贫攻坚的"首场战役"，仔细走访摸清底数，与乡镇党委、村"两委"共同研究扶贫帮困措施，制定帮扶工作方案，以解决群众急难愁盼问题为切入点。首先，帮助困难村民购买化肥、修建菜窖，申请扶贫小额信贷，指导村民种植色素辣椒、谷子、果树等特色产品，发展牛羊、家禽等养殖业，通过增加家庭产业收入，初步解决了村民"两不愁"问题。其次，通过修建修缮村委会和辖区道路等基础设施，帮助村民申请"安居房"补贴，接通自来水，援建幼儿园等，"三保障"得以实现。

一是驻村工作队帮助村民修建蔬菜拱棚，在房前屋后开垦土地，种植果树、蔬菜等发展村民庭院经济，引导村民种植桃树、西梅、大蒜、辣椒等经济作物，发展牛羊养殖，增加村民收入。

二是实施门前硬化、庭院美化、乡村路灯亮化等项目，改善乡村人居环境。

三是依托后盾单位和村集体经济，设置公益性岗位，鼓励村民在家门口就业380余人，前往乌鲁木齐石化公司转移性就业130余人，实现了一人就业、全家脱贫的目标。

四是公司党委、工会、团委大力推广"一元捐""衣旧情深""消费帮扶"等措施，建立了常态化帮扶机制，在扶贫帮困的基础上，激发了辖区群众的创业热情。

截至2020年，乌鲁木齐石化公司共投入资金1 260万元，用于公益类扶贫项目建设，历经三任工作队的辛苦努力付出，昔日的土墙土路土房已是旧貌换新颜，变成了柏油马路、安居抗震房，街道整洁了、庭院干净了，村民的生活也变得丰富多彩了。

三、巩固拓展脱贫攻坚成果同乡村振兴有效衔接

2018年以来，自治区将疏勒县罕南力克镇马勒其19村评定为重点帮扶村，公司先后拨付扶贫建设资金1 200余万元，建成了木材加工厂、缝纫合作社、育苗温室示范大棚、养羊合作社、鱼塘、制糖厂等6个扶贫产业，引进了防火木板加工、豇豆加工、木材加工等企业进驻，带动村民就近就业500余人，5年增加农民收入达850余万元。

2024年，按照习近平总书记关于"集中力量办大事"的重要论述，公司驻村工作队在帮扶项目建设方面借鉴"青河模式"，总领队艾尔艾力·西尔艾力前往青河县调研后，与疏勒县委、县政府充分沟通，通过进一步加大基础建设吸引企业来疏勒县罕南力克镇投资建厂。经过多次协商，2024年，公司投资280万元，疏勒县拨付配套资金405万元，以确保扶贫项目取得产业化规模效应。

（1）公司投入230万元，疏勒县配套投入500万元，用于罕南力克镇马勒其19村现代卫星产业园项目建设。

一是投入230万元，用于罕南力克镇马勒其19村现代卫星产业园项目建设。新建果蔬加工厂，配套建设果脯晾晒场、果蔬加工展示区，引进了果蔬加工设备，主要生产开发绿色有机果蔬和卫生食用冰等产品。此项目于2024年8月全面建成投入运营，果蔬加工能力为100吨/年，增加村集体收益5万元/年。

二是卫生食用制冰厂。2024年8月26日完成设备调试，9月5日开始投入运营，目前已将生产的合格食用冰推向市场。制冰厂生产能力为50吨/年，增加村集体收益8万元/年。

三是产业园（采摘区）标准厂房升级改造项目。引进投资商经营"银宫"宴会厅，大型餐厅主体装修已于2024年8月初完成，8月21日开始试运营，主要承接各类婚宴和接待宴会等，计划9月15日正式营业。餐厅主体外的独立餐饮区正在装修，计划9月下旬投入使用，此项目将增加村集体收益20万元/年。以上三个项目预计能带动辖区100余户家庭就近就业。

（2）投资50万元，开展疏勒县安委会领导干部安全管理培训、乡村党员干部乡村振兴专项培训及特色种植养殖等多个培训项目。

一是突出公司在安全管理方面的优势，开办了"疏勒县安委会领导干

部安全管理培训班"。

二是以推动实施乡村振兴为重点,组织疏勒县罕南力克镇及塔尕尔其乡的25名乡村干部开办了"乡村干部业务培训班",学习借鉴自治区级乡村振兴示范点和先进的农业产业基地的成功经验。

三是组织辖区30余名家畜养殖骨干到"喀什农业技术学校"脱产培训5天,学习畜牧养殖技术。

四是选派2名乡村医护人员,赴"宝石花医院"脱产学习,增加医护临床经验。

五是在不同季节多次聘请喀什职业技术学院的老师,为辖区村民开展"林果业种植培训"。

(3)持续开展消费帮扶。公司驻村工作队在消费帮扶方面秉承"帮销、

促产、疏浚、解困"理念,协调公司和周边企业采购南疆特色农副产品,既丰富了职工的菜篮子,也让更多农民从中得到实惠。2020年公司消费帮扶35.44万元、2021年49.61万元、2022年37.36万元、2023年84.1万元,合计206.51万元。2024年公司还将继续加大帮扶力度,确保消费帮扶在促进群众就业增收、优化乡村产业结构等方面不断发挥重要作用。

四、不断推进平安乡村建设

公司驻村工作队深入贯彻习近平法治思想,高举社会主义法治旗帜,完整准确贯彻新时代党的治疆方略,把依法治疆摆在突出重要位置,落实到驻村工作各个领域,坚持入户走访,准确摸排基本信息,及时化解矛盾纠纷,解决困难诉求,实时收集研判各类治安线索、风险隐患,配合辖区政府和公安机关依法严厉打击各类犯罪行为,以高度的责任感、使命感维护辖区的社会大局稳定。

一是压实社会面精准防控,由第一书记牵头落实"晚研判、早派工"机制,充分调动各方内保力量共同维护辖区治安秩序。驻村工作队坚持推动基

层维稳工作向规范、精细、常态、专业转变。

二是持续开展"四个教育",增进"五个认同",筑牢各族人民共同维护祖国统一、维护民族团结、维护社会稳定的钢铁长城。十年来,公司驻村工作队对口帮扶的村辖区,均未发生过影响社会稳定的事件。

在今后的工作中,中国石油乌鲁木齐石化公司驻村工作队将继续全面学习贯彻党的二十大和党的二十届二中、三中全会精神,全面贯彻落实新时代党的治疆方略,用实干接续奋斗、用汗水浇灌希望,用心、用情、用力为群众办实事,持续推进驻村四项重点任务取得实效,以时不待我的干劲、静水流深的稳劲、久久为功的韧劲,书写群众满意、经得起检验的疏勒乡村振兴答卷。

供稿:中国石油天然气股份有限公司乌鲁木齐石化分公司